取火

打火器的历史

MAKING FIRE:
A HISTORY OF FIRE–MAKERS

田家青 著

生活·讀書·新知 三联书店 生活書店出版有限公司

图书在版编目（CIP）数据

取火：打火器的历史 / 田家青著 . —北京：生活书店出版有限公司，2023.3
ISBN 978-7-80768-402-2

Ⅰ . ①取… Ⅱ . ①田… Ⅲ . ①点火器—介绍—世界 Ⅳ . ① K865

中国国家版本馆 CIP 数据核字 (2023) 第 008024 号

责任编辑　程丽仙
装帧设计　谭德毅
责任印制　孙　明
出版发行　生活书店出版有限公司
（北京市东城区美术馆东街 22 号）
邮　　编　100010
印　　刷　北京雅昌艺术印刷有限公司
版　　次　2023 年 4 月北京第 1 版
2023 年 4 月北京第 1 次印刷
开　　本　889毫米 × 1194毫米　1/16　印张13
字　　数　110千字　图520幅
印　　数　0,001–2000 册
定　　价　198.00 元
（印装查询：010-64052612；邮购查询：010-84010542）

序言

田家青君向我展示他搜藏的古今中外打火器图册，诸多藏品为我前所未见，实为大开眼界。

“钻燧取火”是中国古人用工具制造火的一种主要方式，这是采用“钻”的方式。中国古人还有一种主要取火方式，也就是“打”，即选用击打时易于发出火花的石材——燧石（也叫火石），用击打的方法生出火花，点燃易燃物，取得火种。最初可能是用石制工具，懂得制造金属后就改用金属工具。当社会发展到以农耕为主时，“打”成为主要的取火方式。

我们现在看到的田君收藏的第一组古代打火器——中国古代火镰，正是这种取火方式的代表。我们说火镰与农耕文明相关，是因为它的形制明显仿效了农具中的手镰（或称爪镰）。那是套握在右手上掐割谷穗的专用农具，20 世纪 50 年代我在农村参加支援秋收时还曾使用过。它的形制与收割麦子的长条形装柄的镰刀不同，是横长方形，横长 9~10 厘米、纵宽 7~8 厘米，下缘是微向外弧的刃，近上缘处左右各有一穿孔，用来系使用时套于手背上的绳套。这种手镰的历史悠久，它的原始形态是新石器时代仰韶文化中两侧有凹口的横条状石刀。或许因击打燧石时要用右手持工具击打左手拿的燧石，而套持在右手的铁手镰正适于用来击打的缘故，手镰正可转用为打火工具，故此以后打火工具一直保持着手镰的基本形状，也就被人们称为“火镰”。这也正反映出这种打火工具与古老农耕文明的联系。

火镰在中国使用了漫长的岁月，在我幼年时（20 世纪 30 年代），旧北京（那时已改叫“北平”）的居民虽然已经普遍使用“洋取灯”（老北京俗称火柴为“洋取灯”或“洋火”，加了“洋”字明确表明它是舶来品）取火，但沿胡同叫卖的农村小贩，还常使用火镰打火。我们年幼，感到新奇，就愿意去看他们在胡同内路边蹲坐休息时打火吸旱烟。只见他们右手持火镰，左手持燧石（燧石装在一个小布袋中，与烟荷包一起挂在旱烟袋杆上），弓腰耸肩击打，不一会儿打出火花来，立即引燃“火纸媒”（这时的火纸媒是阴燃的，只有香炷似的火头），然后直起身来，往烟袋锅内装烟叶，这才吹燃火纸媒，点着烟叶，靠着墙根悠然自得地吸起烟来。不过，那种实用的火镰形貌并不美观，就像个普通的小铁片，顶多在手柄上部饰有几个轱辘钱纹，朴实耐用而已。

田君出示的收藏品制工精美，应系清代上层人物的用品，与玉扳指一样。扳指本是套戴于右手食指上钩弦张弓的工具，晚清时失去实用价值，成为戴在指上的装饰品，造型越做越大，左右手各指随意戴。火镰也与之相似，造型变大，装饰精美，雕饰珠玉，使人无法握持，特别是那件镶嵌红珊瑚的大火镰，更只是显示身份和财力的物品，已丧失实用功能，但确为珍贵的收藏品。

田君的第二组收藏品，是近代的西方打火器。它们与前一组不同，代表的已是进入工业化时代的产品。虽然时代不同、文化背景不同，但以燧石打火的原理还是相同的。只不过与古老的农耕文明联系的火镰，是人们的手工作业；而进入工业化的欧洲，则是采用机械化方式击打燧石，可举例的标本是军事上使用的燧发枪（flintlock）。最早的燧发枪为转轮式，1521—1526年间由德国制造，枪机内击锤卡口处夹有燧石，由小钢轮旋转磨打燧石发火，引发弹药，从而取代了早期的火绳枪。在日常的打火工具方面，也由手工钻、打，改为利用化学和机械等手段，生产磷火柴和新型打火器。田君展示了精美的火柴盒和煤油打火机，我没有这方面的知识，无法评论，只觉看后大开眼界。

田君的藏品不仅具有学术价值，也显示了一个收藏家的品位以及对收藏的爱好和坚持，难能可贵。

评论田君藏品的最佳人选，本应是我的忘年交挚友王世襄。当年我初识田君，也是在王世襄家。记得有一次我在王世襄家聊天，正值田君去找他办事。田君走后，王世襄告诉我："他（指田君）能用木料复制明式家具的榫卯结构，是真正研究，我们俩（指他和他夫人袁荃猷）可不会，只能削土豆或是萝卜，模仿榫卯。"说着袁荃猷就真拿了个土豆削成榫卯展示给我看，还让我也试着削，但我生来笨手笨脚，总削不成，大家大笑。王世襄还告诉我田君涉猎广泛，其中包括收藏火镰、玩“自来火”（老北京称打火机为自来火），还说他也藏有“洋取灯盒”，并找出来给我欣赏。现在王世襄夫妇早已仙逝，谨此祈两位冥福。也因此，我只好如北京俗语所说“打鸭子上架”，勉强凑成这篇小文，以祝贺田君《取火》出版，并供读者哂读。

八十六岁叟杨泓写于北京和泰园

2021年11月5日

1830 年法国精致的取火器加雪茄烟具套装

前言

取火之难

火促进了人类文明的发展，用火对于人类发展的重要性怎么说都不为过。

火是机械化、电气化、信息化等生产力革命的开端。但如何正确使用火、控制火，曾是人类面临的一个重大挑战。人类最初只能利用自然火，并逐渐掌握了保存火种的方法，后来开始探索如何取火。

我们现在对用火已经习以为常，其实，直到20世纪初，人类才真正做到在任何时候、任何地点，只需用一只手就可以打出一个相对安全、可以控制的火苗。看似简单的打火器，凝聚了许多科学技术和材料工艺，其发展过程的曲折和艰辛甚至超过电气化和机械化。

本书收录了近300件不同历史时期、不同民族和国家设计制作的、有代表性的打火器，读者可从艺术鉴赏和科技发展等不同层面了解近400年间打火器从初级原始发展到顶峰的历史过程。

我收藏研究火镰等打火器有很多年了，但这个领域太冷僻，能参考的资料几乎是零，而且这个领域涉及的各方面知识又相当宽，难以面面俱到，所以多年来虽然一直想写本书，但也一直没敢写。后来，我想得先迈出第一步，权当做个总结。于是，我花了一年多的时间整理、拍照，写出了《取火：打火的历史和文化》，2021年，此书繁体字版由香港三联出版。

书出版发行之后，反响不错，引起不少专家和学者的兴趣，有些人找我交流，我从中学到不少新知识。让我感动的是，有位收藏家把他最好的一件火镰藏品交给了我，他说读过这本书后很感动，他一直想给自己最喜欢的这件东西找一个好归宿，“这东西放到你那里更有意义”。

还有一位年过九旬的法国老人辗转告诉我，书中介绍书本式战壕打火机是模仿《圣经》，总体说没有错误，这是值得赞扬的新发现，但其中有两件实际是当时法国很流行的家庭相册，而不是《圣经》，他虽然没参加第一次世界大战，但他见过这类相册。

总之，这本书出版一年来，我在各个方面都获得了更多的知识。这次出版的中文简体字版，不仅增加了四分之一的内容，还对原书中一些打火器的器物说明做了更详尽的补充，应该说，中文简体字版有更强的学术性和实质性的提高。

目录

鉴赏

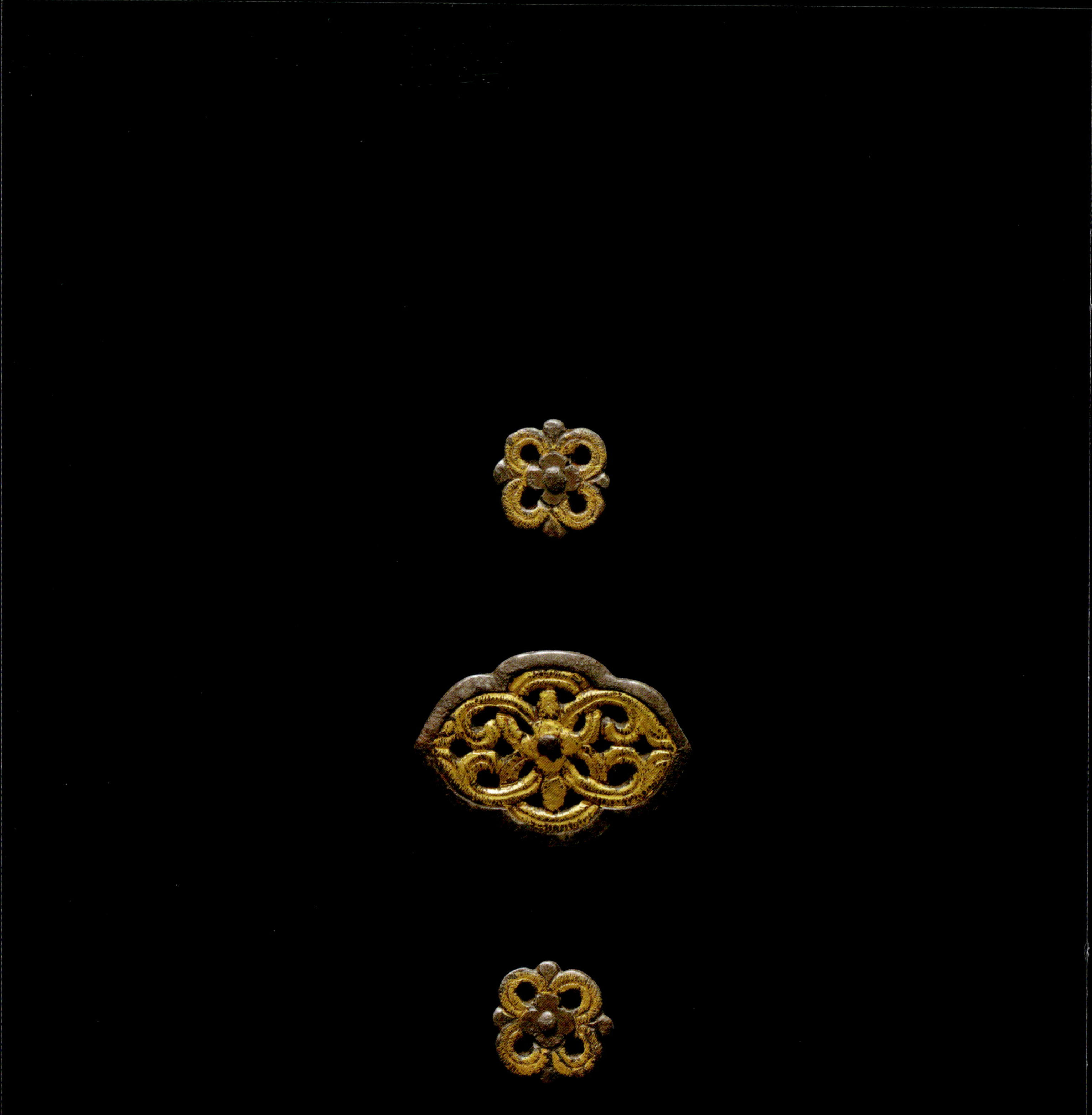

火镰

火镰是取火工具，其打火部分的铁条形似手镰（不是镰刀），故得此名。使用时，让火镰与燧石反复摩擦，发热后用力向下猛击火石，产生的火花点燃垫在火石下面的艾绒等引燃物，遂得明火。元李好古《张生煮海》杂剧第三折：“家僮将火镰火石引起火来。”明宋应星《天工开物·火器》：“囊中悬吊火石、火镰，索机一动，其中自发。”明杨琚《杨子山》诗云：“……众嘈惊虎鸣，团栾聚跛躄。旋击古火镰，槁竹斯然炙。……”清李光庭《乡言解颐·物部》载：“钻木映日，皆可取火，而总不若火镰之便，乡人谓与火石、火绒子为随身三宝。”

明代铁錽金大火镰

宽 16、高 5.8 厘米，重 208 克

此火镰尺寸巨大，造型大气，装饰典雅，有明式家具的风韵，具有典型的大明气度。采用铁錽金工艺，各处细节无不显示出制作者的匠心和讲究。

几十年来，我所见所闻的年代较早的铁錽金火镰仅有三件，此件造型美、工艺精且保存完好，是极为难得的珍品。

入清之后，錽金工艺的物品成为身份的标志。清代早期多次强调非皇家不得使用錽金物品，违者重罚，皇太极、康熙、雍正都曾为此专门下旨。《大清会典事例》载康熙三十九年（1700）朝臣遵旨议准：“有品级、无品级笔帖式及库使、举人、官生、贡监、生员、护军、领催以至兵民等，马鞍不得用绣及倭缎绢线镶缘，鞍韂、红托、鞦辔等物不得用錽金。”

清乾隆铜镏金錾花火镰

宽 9.3、高 5.3 厘米，重 130 克

此火镰为铜镏金錾花雕刻，独特之处在于双层透雕，龙身夹放在主体和外层镂雕间，雕出的苍龙可以在祥云中活动，这与乾隆皇帝御用马鞍上的铜饰件的图案和工艺相同。这种形式在当时是帝王专属，民间古玩业俗称“活龙带动”。

此火镰为外出狩猎时佩戴，器愈小愈能见其工艺之精。

题外话

一直到 1960 年前后，火镰都是中国广大地区人们最常用的随身打火工具。打火时需要用两只手，费些力气才能点燃绒线，点燃之后还要用身子挡着，鼓着腮帮子使劲吹，才能出火苗。即使贵为帝王，使用工艺如此讲究的打火器，也只能以这种费力的方式取火（当然，现实中绝大多数场合帝王用不着亲自打火）。

局部放大五倍后的图片。实践证明，工艺较差的古玩，禁不起放大观看。从放大的细节可见此物品鏨雕之精细，功力之深

清早期金匣嵌宝石火镰

宽 5.2、高 4.6 厘米，重 70 克

这件火镰底部铁条装有金盒，上饰掐丝卷草纹，正反面嵌碧玺 14 颗，盒上有黄色系带，以绿松石为带扣。带扣正反两面均嵌有一粒小东珠。这两颗小珠并不引人注目，但在专家眼中却非同一般，因为它反映了此件火镰拥有者的身份。清代对东珠的使用有严格的规制，一般而言，只有皇帝、皇后、太上皇和皇太后四位才有资格。

清代皇室贵族重视满洲旧俗，将游牧时期常用的火镰作为重要配饰和身份象征，清代皇帝还曾以火镰赏赐臣下。在《大清会典事例》中检索“火镰”一词，共出现 14 次，如卷五百七中“……并赏陪臣二员，芽茶、春橘、荷包、火镰、玻璃器……”。在《清实录·高宗纯皇帝实录》中，“火镰”出现 11 次。因常用作赏赐和馈赠，清代皇室所用火镰皆材质贵重、制作精美。

清代铁雕饰件大火镰

宽 16、高 11 厘米，重 568 克

这是一件产自内蒙古地区的火镰，器形较大，重逾一斤，拿在手中沉甸甸的。它主体为铁质，两面为宝顶及葫芦云纹和卷草纹的铁雕饰件。下部铁条两面施錾花，图案优美。云头式样的提梁亦十分精美。此火镰造型大气，工艺极精，有较高的艺术水准。

“铁雕”是近代的说法，早年称“家镶錾”，相比传统木雕、石雕、金雕、玉雕等，铁雕工艺有较特殊的难度，想做到有艺术感相当不易。

此图为 1:1 实物尺寸。

清代镶嵌红珊瑚大火镰

宽 21、高 14 厘米，重 639 克

此火镰出自西藏，器形巨大，是一件难得的精品。这是标准的藏式传统形制，风格粗犷，应是西藏康巴地区制品，其特殊之处在于体量大且正面满镶 16 枚滚圆的大粒珊瑚珠，原装的股子皮。这件火镰进一步证明，至少在清代，火镰除了实用功能外，还是身份与地位的象征，具有把玩欣赏功能。

从固定珊瑚珠的穿钉十字分心花（俗称梅花扣）判断，16 枚珊瑚珠均为原配。

大、小火镰实物尺寸对比。左为大火镰，
右为袖珍小火镰，宽仅 4 厘米

题外话

中国古时各类器物似乎有个共性，一旦可以作为身份、地位或审美的象征，就会被无限地夸张、变形，甚至追求畸形的审美。以火镰为例，我见过的火镰，最大的犹如半个洗脸盆，最小的仅比拇指肚略大，几乎无法使用。器物做成这样，已失去实用价值，成了一个符号，不值得赞美。

清代藏式火镰

宽 12.5、高 8 厘米，重 132 克

此火镰出自西藏。镰包采用布皮结合的制作方式，周边嵌装银质四方浮雕如意云纹、金字塔形小方块，正面中心的银质花托嵌装珊瑚。此火镰装饰讲究，制作工艺极精，属藏式火镰中的佳品，传世数量较少，能保存如此完整的更为少见。美国国家自然历史博物馆收藏有形制相近的一件。

美国国家自然历史博物馆藏火镰

清代镶嵌红珊瑚绿松石火镰

宽 11.2、高 7 厘米，重 168 克

这是一件相当精美的银质锤揲錾刻藏式火镰，一招一式可见设计和制作的匠心，其形制在藏式火镰中很常见，完好保存至今，殊为难得。

蒙式铁雕火镰

宽 8.6、高 6.6 厘米，重 211 克

年代待考。此火镰为蒙古族特有的形制，整器厚重敦实，“寿”字纹铁雕覆盖乌拉皮质镰包。正反面图案相同，细看能发现由于手工制作造成的局部细节差别。

清乾隆锁绣、盘银绣荷包火镰

宽 10、高 6.5 厘米，重 53 克

此件火镰的镰包以丝织品代替皮子，采用的刺绣方法包括锁绣、盘银绣等。从它精细的铁件做工与织绣工艺可看出其不同寻常的身份，镰包内衬为明黄色，无疑是一件皇家用品，能流落到民间保存下来，实为不易。类似的火镰故宫博物院藏有多件。

磷火柴与火柴盒

白磷和黄磷火柴在欧洲使用较早，但这种磷火柴特别危险，稍微一碰就着火。当时有个笑话：一位英国绅士出门，太太问他带火柴没有，老先生拍了拍兜，里边的火柴“嘣”一下就炸了。因为白磷火柴容易自燃，那个年代不知引发了多少火灾，再加上磷化物有毒，点燃后的烟毒性更大，到 20 世纪 20 年代，磷火柴就被禁止使用了。但在磷火柴流行时期，出现了许多精美的火柴盒。

铁鋄金火柴盒

宽 4.4、高 4.8 厘米，重 36 克

这件火柴盒由一家阿根廷的火柴厂在 1890 年前后手工制作，盒身刻有文字，标示出火柴厂的名称和创始人名字。

火柴盒的装饰图案为阿拉伯风格，采用的工艺在民间俗称为“大马士革嵌金术”，这种工艺的起源地在西班牙古城托莱多（Toledo），故类似的制品也被称为“托莱多”，与中国传统的鋄金工艺稍有不同，但异曲同工。

此器装饰讲究，采用了三种不同颜色的金。小小的一个火柴盒，做到这么精美实用，已经超越了日常器物而成了一件艺术品。

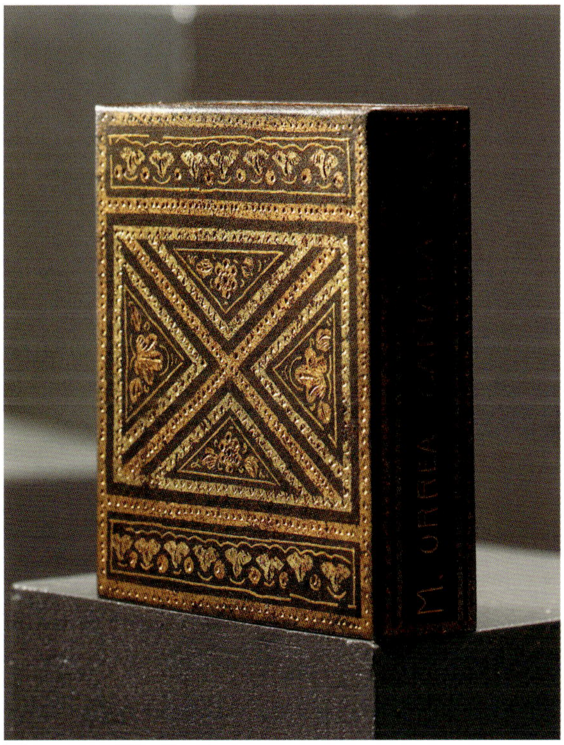

下面两件银质火柴盒生产于 1890 年前后，产地可能为英国或者意大利，是同时期式样众多的银火柴盒中具有代表性且艺术水准较高的作品。

银质火柴盒

上：宽 3.6、高 4.7 厘米，重 27 克
下：宽 3.9、高 6 厘米，重 37 克

小小一个火柴盒，无论造型设计还是加工制作，都极具匠心，小中见大，是一件极优秀的艺术作品。

18K 金火绒火柴盒

宽 4.6、高 4.8 厘米，重 55 克

这件精美的金火绒火柴盒 1864 年制作于英国，采用了西方人喜欢的马蹄造型。火柴盒上有制作金店的地址，但当时还没有形成品牌。英国对于黄金制品有严格的规范和标识，此器共有五个部件，每个部件都打有金标，主体有女王头像、代表伦敦的豹头和字母 I 标识，可以很容易地对照英国的金标识档案得知其制作年代。

五个金标识

银镏金火柴盒

宽 2.7、高 4.6 厘米，重 18 克

高浮雕模压，内膛镏金，外壳镀金。

银火柴盒

宽 3.7、高 6.4 厘米，重 27 克

银镏金素珐琅火柴盒

宽 3.6、高 4.4 厘米，重 44 克

金属施珐琅，在西方被认为是最高级别的装饰。

9K 金火柴盒

宽 3、高 4.4 厘米，重 18 克

1919 年制作于伯明翰。

梳理众多传世的磷火柴盒可以发现，就材质而言，铜和白银是制作火柴盒最普遍使用的材料。收藏实践也证明，见到上千件银质火柴盒之后才能遇到一两件金质火柴盒。

英国作家肯·福莱特（Ken Follett）在其描写“一战”历史的作品《世界的凛冬》（*Winter of the World*）一书中，写到英王出席贵族宴会的气派场景，特别提到了在大餐桌上摆放的火柴盒都是金质的。

双色金带火绒和烟盒的火柴盒

宽 9.5、高 6.3 厘米，重 167 克

此火柴盒制作于 1890 年前后。使用时，火绒可以作为火信子较长时间地储藏火种。正面有蓝、白双色珐琅字母组成的俄罗斯大公亚历山大·米哈伊洛维奇（1866—1933）的名字缩写和三色珐琅的头冠。盒扣为蓝宝石制成。

此外，还有用西里尔字母标记的法贝热（Karl Gustavovich Fabergé，1846—1920，俄罗斯著名金匠、珠宝首饰匠人和金工设计大师，在世界珠宝史上占有重要的地位）名号和制作工匠 Henrik Wigström 的名字首字母缩写。

“万照光芒”玑镂纹饰是欧洲小型金属器物上常见的装饰图案。一件器物精美与否看细节，此件放射玑镂纹直接顶到边缘，但又留下了一圈空间，饰以几何形玑镂纹。此所谓“以小见大”，细节决定成败。

卡地亚 18K 金胎珐琅圆饼形火柴盒

直径 5 厘米，重 43 克

20 世纪 30 年代制作。此件火柴盒形似怀表，正反面玑镂放射条纹图案，施半透明海蓝珐琅。外圈施轧道白色珐琅，侧面亦施珐琅，开盖处镶一枚钻石，可谓精致奢侈至极，令人爱不释手。

此盒虽小但工艺讲究，点点滴滴透着匠心，应是女士专用。金胎珐琅是金属器中最高级别的装饰工艺。此盒是本书诸多火柴盒中“路份”较高者。

各种材质的火柴盒全家福

上排（由左至右）：铁质、铜质、银质、银镀金珐琅、9K 金质、18K 金质、18K 金加蓝宝石、金胎珐琅、18K 金带烟盒、双色金带火绒和烟盒。

下排：与上图对应的火柴盒摩擦板。

台北故宫博物院藏

乾隆宫廷火镰

西方使用黄金制作器物与中国古时不同。中国古代金器讲究用纯金，而西方使用黄金更多考虑结构和强度，多用 18K、14K 甚至 9K 金，纯度越高强度越差，且不耐磨损。使用何种纯度，是制作者两难的选择。

此件器物为 18K 金，相比 14K、9K 金，使用磨损就较严重。

18K 金嵌红宝石带烟盒火柴盒

长 9.5、宽 5 厘米，重 109 克

这是一件极讲究的、奥地利 Rozet & Fischmeister 品牌的带烟盒火柴盒，外表有漂亮的几何纹理，镶嵌两颗红宝石。铰链和镶嵌工艺无可挑剔。底部有类似“搓板”的火柴摩擦板。此盒制作于白磷火柴被禁用的第一次世界大战之前。

奥地利在近代打火器发展史上有一定贡献，曾制作过不少带珠宝的打火器，这与“一战”前奥地利上层社会对精致生活的追求有直接关系。

位于维也纳的 Rozet & Fischmeister 公司成立于 1770 年，因成为奥匈帝国宫廷金银珠宝制造商及皇帝御用供应商而声名鹊起，创始人弗朗茨·伊格纳兹·菲施迈斯特因其贡献被任命为帝国顾问。

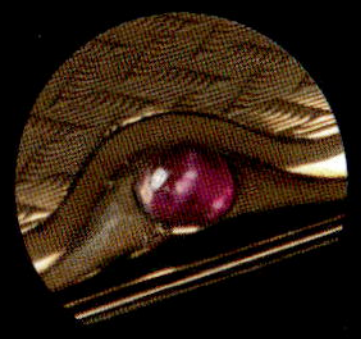

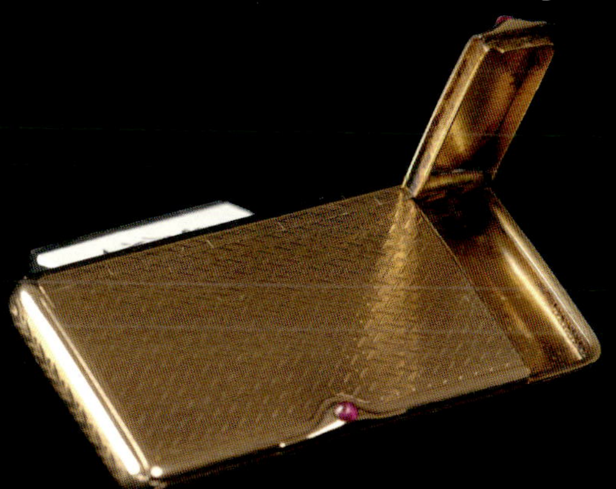

万次火柴与火柴盒

1839 年前后，摄影、声音记录以及电力等技术已经出现且日趋发展。从科技角度讲，这三项技术要远远难于打火，但是，打火技术的发展却十分缓慢，进展艰难。1850 年前后，万次火柴出现了，其安全性比白磷火柴有了极大提高，是打火史上的一个巨大进步。但万次火柴也不完美，虽然安全性好，但是打火要用两只手，想打着也挺费劲，而且还有渗油的问题。万次火柴虽然淘汰了白磷火柴，但因其并不太成功的设计，仅流行了大约 30 年。

万次火柴在技术上虽然不完美，但在设计上却是百花齐放。本书介绍的几件万次火柴与火柴盒各有特点，不仅展示了当时万次火柴设计制作的风貌，更为从审美、工艺、时尚等方面研究那一时代的器物特征提供了实例。

法国前锋牌 18K 金镶蓝宝石万次火柴

长 6、宽 2 厘米，重 21 克

制作于 1890 年前后，工艺精美，保存完好。

爱马仕银镀金包玳瑁万次火柴

宽 2.1、高 4.7 厘米，重 27 克

生产于 1900 年。这个时期已经有了商标和品牌意识，从机身上的银标野猪形象可以确定它是法国出品。当时能够镀金并使用玳瑁装饰很奢侈，不过镀金层太薄，也不太结实，历经 120 多年的岁月，基本都磨掉了。

底部镀金较薄，大多磨掉了，但仍隐约可见爱马仕（Hermès）标识的痕迹

奥地利纯银珐琅万次火柴

宽 2.5、高 4.4 厘米，重 29 克

这是一件非常惹人喜爱的纯银珐琅万次火柴，1910—1920 年由奥地利 TCW 公司制造。该公司创始人就是火石的发明者卡尔·奥尔·冯·威尔斯巴赫（Carl Auer von Welsbach，1858—1929）。这件万次火柴正面以全画幅的方式展现珐琅画片，具体工艺是：先压出水波花纹作为背景，再用上好的矿物质珐琅料精心手绘出一只松鸡。当年的颜料质量很好，看上去亮度、清洁度都很高，不像现在使用的化学珐琅彩过于亮丽刺眼，有含蓄美，非常养眼。

手工绘制的松鸡图使这件器物不仅具有唯一性，更有艺术品的属性，加上保存完好，堪称“全品”，因此，东西虽然小，却是一件很难得的精品。

德国银胎画珐琅万次火柴

宽 3.3、高 4.6 厘米，重 30 克

此万次火柴由艾米尔·布伦特制作，工艺和绘画技巧都达到了较高水准，以剪影的形式细腻描绘了一位淑女外出郊游的形象，生动传神，体现了 19 世纪西方小资产阶级的审美情调和情趣。

在金属胎上画珐琅，为了使珐琅与胎体的贴合更加紧密牢固，讲究的方法是做玑镂底纹。此件采用较简易的方法，轧出麦粒状底纹。

此器制作于“一战”之前欧洲所谓的“美好年代”时期，巨大的社会财富导致了奢靡和虚荣的时尚，当然也给人们带来一种幸福和平静感。此绘画准确反映了这种时代特征，器物虽小，却称得上是一件艺术品。

题外话

万次火柴流行的时期正好也是鼻烟壶流行的时期。万次火柴流行时间较短，所以没有鼻烟壶那么大的传世量。从造型而言，万次火柴基本只有两类：一类形似书本，另一类形似鼻烟壶。本书介绍的六件万次火柴，三件是书本式，三件为鼻烟壶造型。引人深思的是，鼻烟壶作为古玩杂项中的一个主流品种，身价高、收藏者多且遍布全世界，万次火柴却没有多少人感兴趣，两者身价更是天壤之别。金属胎的施珐琅鼻烟壶总是拍卖会上的宠儿，若是金胎乾隆款，则更是明星拍品，而万次火柴似乎未见于主流拍卖会中。其实，这类银胎画珐琅万次火柴的工艺水准、制作年代均与鼻烟壶相近，且传世数量更少。

法国前锋牌纯银万次火柴

宽 2.1、高 4.6 厘米，重 15 克

生产于 19 世纪 50 年代。菱形双色间金工艺，打火杆顶部有法国野猪标识，机身侧边有野猪标、金标、制造商标、税标四枚标识。

这是一件典型的鼻烟壶造型万次火柴，可以看出它与中国鼻烟壶在设计思路上的不同。欧洲的万次火柴更讲究材料工艺，反映了工业时代的特点。这件器物采用了即使现在看都相当讲究的间金工艺，即在纯银的机体上铺设 14K 和 18K 两种不同颜色的金，十分含蓄美观。有趣的是，虽然此器仅使用了少量黄金，却在正面打上了四个黄金标识，这反映了金本位时期贵金属在社会上和人们意识中的地位之高。

奥地利银质手工雕刻万次火柴

宽 4.5、高 5 厘米，重 47 克

这是 1900 年以前奥地利 PCW 公司制作的一个很有特色的万次火柴。当时还生产造型完全相同但材质不同的万次火柴，如铁、铜、铜镀铬质万次火柴。普通材质的此类器物表面图案都是机械轧花，而这件银质万次火柴则是手工錾刻雕花，具备了独一性和艺术性，能如此完好传世十分难得。

欧洲和美洲早年生产的高端打火器具，正面往往留有一个签名窗，体现了设计的人性化。

火炮机

火炮机和儿童玩的砸炮儿原理相同，当然也可以叫打火机，但是当时人们都叫它火炮机，从这个称呼也能猜到这种打火器使用时的动静有多大。在任何场合，要想用它点个火抽支烟，就如同甩了一个砸炮儿，绝对吸引眼球——冒一股烟不说，还可能伴随着人们的惊叫。这也是这种打火器只短暂流行了几年就销声匿迹的原因之一，严格地说，它更像是个玩具。然而，它启发了人们可以采用机械碰撞化学物质引爆点火的思路，是一个有历史性贡献的专利设计。

美国铜镀铬火炮机

长 5.5、高 3.6 厘米

机身上刻有四项专利，最早者日期为 1865 年 11 月 7 日。此器形制是早期火炮机常见的形式，在欧洲和北美都曾流行。

美国火炮打火机

宽 3.7、高 6.2 厘米，重 67 克

1891—1901 年制造。这件看上去呆头呆脑、由普通钢皮压出来的火炮打火机，虽貌不惊人，却是打火器历史上一件里程碑式的器物。1889 年，美国库普曼公司利用压爆原理制作了用机械方法触发火炮纸，似雷管爆燃点燃火绒的打火机。

这件打火机出现时已是 19 世纪末，相比同时期的其他工业化产品及技术，它所体现的打火技术仍很原始。为什么打火技术的发展这么难？我想一个主要原因在于火是“活”的，瞬间产生一个可控的火苗不是很容易。注意，仅仅打出火来一点都不难，难是难在“可控”上。

采用这种专利造型结构的还有一款德国产品，于 1889 年进入市场。

火绒机

19 世纪 60 年代，人们终于发明了用金属圆搓轮摩擦火石产生火花来点燃硝化棉火绒绳的打火方法。这是人类在取火技术上很艰难的又一个进步，随后的几十年间，西方制作了各种形式的火绒机。下面介绍的两件很有代表性，而且在工艺和艺术水准上是同类制品中的佼佼者。

奥地利怀表式双用煤油火绳古董打火机

宽 7.4、高 5.5 厘米，重 83 克

1910 年制造，奥地利艾米·朗格（Emil Lange）怀表式双用煤油火绳古董打火机，可同时使用煤油和火绳。按钮开盖打火，可旋转调节火绳长短。

这款打火机不仅年代较早，且功能特殊、结构复杂，比较稀有，在打火器发展史上也占有一定地位，是打火机爱好者心中的必藏打火机之一。

火绒绳打火器

主机宽 1.7、高 6.6 厘米，重 18 克

这件火绒绳打火器有阿拉伯装饰风格，基本为手工制作，将铜皮轧出凸起的花纹后卷成圆筒状，在表面髹金漆、银漆和黑漆。制作年代为 1915　1920 年，产地待考，壁上刻有英文，有可能是一件难得的孤品。

这件打火器购于美国一个跳蚤市场，虽然算不上艺术品，但不失为一件很精美、令人爱不释手的工艺品。

“一战”后的成熟发展时期

从 1918 年“一战”结束到“二战”爆发的 20 年和平时期内，西方的工业化有了飞跃性进展，这也推动了打火技术的快速发展和成熟。在这 20 年里，以瑞士、法国、英国、美国、奥地利、比利时为代表的国家，在打火机的结构技术、工艺、材料发展方面标新立异、百花齐放，人类终于有了较为理想的打火器。下面介绍 14 件不同国家在这一时期制作的、各具特色的经典打火机。

特伦斯镍银质半自动煤油打火机

宽 4.2、高 5.6 厘米，重 52 克

1920 年瑞士生产。瑞士擅长精密金属仪器加工，蜚声国际的不仅有手表，早年的特伦斯品牌打火机也曾风靡全世界，代表了那个时期打火机设计和制作的最高水准。100 年之后，这种打火机仍被大量仿制和使用，堪称一代经典和传奇。

这种光素机型的特伦斯半自动煤油打火机有较高的工业设计艺术水准，传世数量虽多，但品相完美的较少，故深受当今收藏爱好者的青睐。

Rexlite 抬臂煤油打火机

宽 3.5、高 5.8 厘米，重 46 克

1929 年美国生产。机身较长，已具有现代打火机的造型。材料为纯铜镀铑。使用了美国、瑞士、奥地利等国家的专利。此机有一处十分人性化的设计，即火石仓上有个挡板，可避免直接接触弄脏手指。灭火杆采用了棒球棍造型，为典型的英伦风格。此机虽不稀有，但全新且带原盒十分难得。

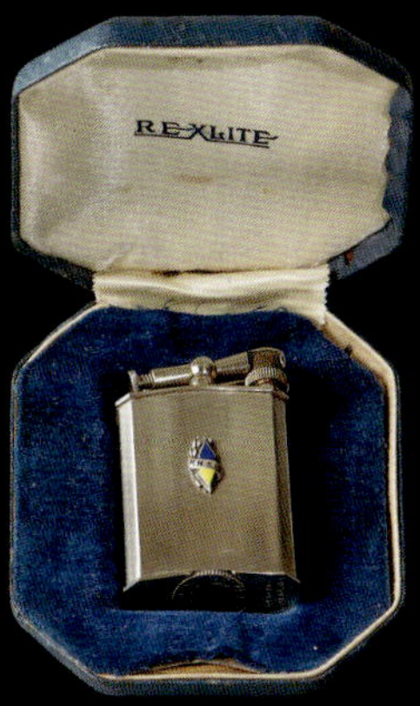

卡尔威登 710 古董煤油打火机

宽 3.5、高 5.2 厘米，重 47 克

20 世纪 30 年代德国生产。这款 Karl Wieden710 古董煤油打火机属于特殊复杂结构机型，为经典的按压机制打火机，数量比常见的 KW700 稀少。这是一款真正意义上收藏级别的打火机，名列世界百大稀有打火机。此件打火机保存完好，几乎全新且带原包装和说明书。

登喜路银质微绘珐琅带烟盒打火机

宽 5.9、高 10.3 厘米

1926 年登喜路（Dunhill）的英国厂家制作。这件带烟盒的高端打火机很罕见，机壳为 935 银，上面镀金施珐琅。因为微绘图案为手工绘制，需要较高的绘画技巧，加上烧制珐琅费时费力且废品率高，故产量很少，能带原盒保存至今极为难得。

14K 金抬臂式六角嵌珐琅古董煤油打火机

高 4.6、宽 3.9 厘米，重 43 克

20 世纪 30 年代前后法国制作。此件类似登喜路标准的抬臂式打火机，双搓轮结构，嵌黑蓝双色珐琅条带，打火机底部标有 CVX 和六角星圈标识，生产厂家待考。

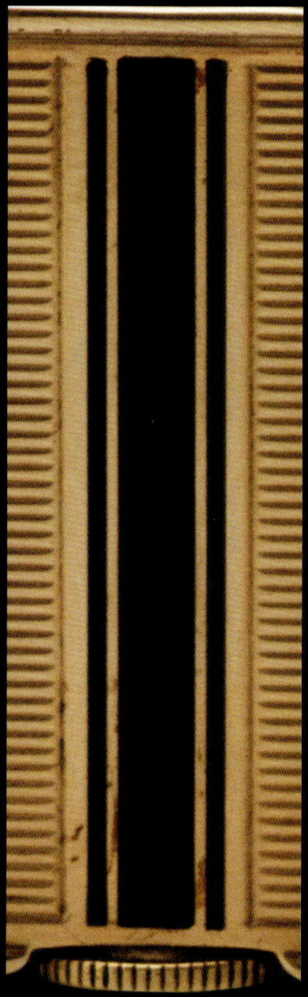

黑蓝双色珐琅条带

登喜路 18K 金带表打火机

宽 3.6、高 4.4 厘米，重 69 克

这是收藏家和爱好者都梦寐以求的英国登喜路公司制作的 18K 金带表打火机。带有计时表的登喜路打火机通常被简称为“表登”。英国登喜路是世界打火机行业的领军品牌，他们早年设计的这种标准抬臂式是打火机结构中的标杆和最令人喜爱的品种，现在仍然在生产（20 世纪 50 年代后，厂家不再生产实金制品，改为镀金）。第一次世界大战之后，登喜路在打火机上发力，成为使用贵金属制作打火机并使其奢侈化的先行者。

这几件打火机制作于 20 世纪 20 年代，虽有不同的变体式样，但结构、设计、制作工艺均无可挑剔，十分经典，能完好保存至今十分难得。

纯银轧花珐琅打火机

宽 3.7、高 4.4 厘米，重 57 克

1920 年奥地利生产。采用 935 银机壳，四面轧花，正面中心开光，内绘四个蓝珐琅交通标识图案。

此机为定制机，是英国交通大臣为表彰交通警察所颁之奖品。这么高级的奖品即便是现在都算得上奢侈。这件打火机不仅制作精良，设计亦具有想象力，产量较少，能完好保存至今十分难得。

卡地亚 18K 金珐琅古典煤油打火机

宽 3.7、高 5.0 厘米，重 64 克

1930 年制作。标准的卡地亚翻盖搓轮机，标准的 Art Deco 设计风格。这种浅薄线的珐琅工艺流行于 20 世纪初，严格讲与中国古时的錾胎珐琅工艺相同，国内称其为“填烧珐琅”“薄线烧”。

这种平行窄条珐琅工艺的装饰在 20 世纪 30 年代的卡地亚器物上十分常见，被称为“北京条纹”。据卡地亚公司称，这源于北京的一种粗细条纹织法的布料。

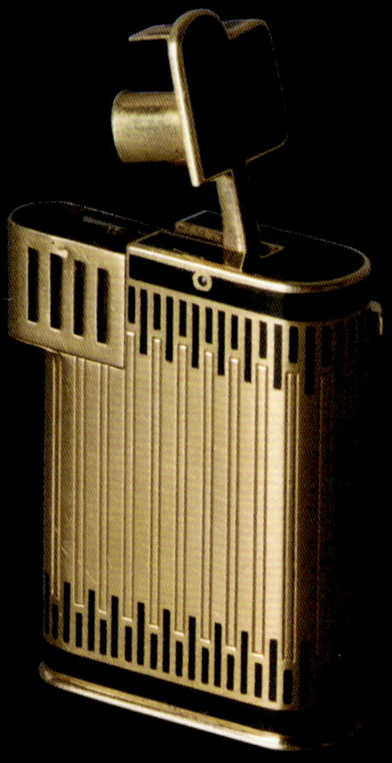

卡地亚 18K 金嵌红宝石、钻石带表打火机

宽 2.4、高 5 厘米，重 70 克

1934 年卡地亚公司制作。18K 金，带金表，以红宝石和钻石镶嵌表盘，抬臂尾端也镶嵌有一颗红宝石。这件打火机被收入皮洛索夫（Ira Pilossof）和施耐德（Stuart Schneider）所著的 *The Golden Age of Cigarette Lighters* 一书中，标明是 1934 年出品，但书中除了注明尺寸、年代及其像登喜路一样的摇臂特征外，没有做更深层次的说明。

此件有可能是客户定制的特殊机型，原因有二：其一，底部没有统一标准的钢印标识，而是手工刻画的标识；其二，与卡地亚所设计的其他批量生产产品的风格不同。1934 年正值经济大萧条，大小公司经营均陷入困境。或许就是在这种社会经济环境下，大公司才肯放下架子，按照客户的意愿设计跟自身风格不符且只做一件或几件的产品（还有一件同款式但镶蓝宝石的，有可能是一对）。

卡地亚银错金古典煤油打火机

宽 3.6、高 5.1 厘米，重 58 克

1930 年前后生产，这种翻盖大搓轮打火机结构非常少见。在极简的横竖底纹上，一朵雕饰精致的金玫瑰的出现，增加了整体的装饰感，并形成色彩对比。

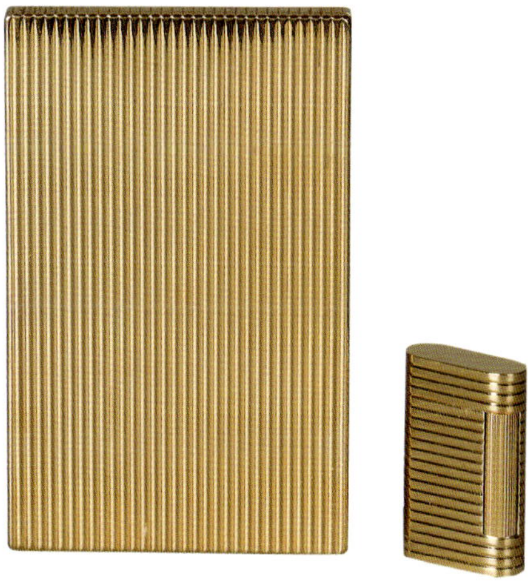

梵克雅宝 18K 金打火机烟盒套装

打火机：宽 3.3、高 5 厘米，重 69 克

烟盒：宽 13、高 8.2 厘米，重 230 克

20 世纪 30 年代制作。此套装从造型到装饰都做到了极简，以材质的质感和极精细的工艺表现高贵感。卡地亚和梵克雅宝（Van Cleef & Arpels）这类以出品奢侈珠宝为主的公司，早期产品大多以繁复为主要特征，如满面镶钻、嵌各色宝石，以显其奢华。直至 20 世纪 30 年代，人们逐渐悟出低调奢华的内涵，故而奢侈品公司设计制作了这种极简风格的制品。

题外话

欧洲在20世纪各类民用产品的生产中，推出过很多特别款，这些东西小到打火机、缝纫机器具、照相机，大到汽车等，几乎每个领域都出现了一两款传世经典，比如德国莱卡的M3照相机和此处展示的打火机。我发现它们有个共同特点，就是除了使用功能和所用材料、制作工艺无敌之外，其造型设计也相当完美，线条与色彩完美结合在一起。对这种具有工业感、庄重大气、看到后让人喜爱甚至爱不释手的东西，我称之为“工业艺术品”。

卡地亚 18K 金珐琅带表打火机

宽 2.4、高 5 厘米，重 70 克

1932 年制作。这是卡地亚古董煤油机里最具代表性、最经典的制品，底部加油帽处刻有法国巴黎制作款识。此打火机上的表为圆形机芯，表盘为日内瓦波纹装饰，机芯镀铑，三个调校装置，15 颗宝石轴承，瑞士杠杆式擒纵结构，双金属平衡摆轮，宝玑摆轮游丝。此款机型当年制作数量极少，能全品相完好保存至今殊为难得，属于博物馆级别的古董（vintage）藏品。

登喜路 9K 金镶宝石带表多功能烟盒打火机

宽 6.4、高 9.4 厘米，重 172 克

这件打火机是登喜路的高端制品。这种形式的器物起源于 1921 年，属于特殊定制，因为是按照顾客的要求设计制作的，所以形式多样，又由于是手工制作，所以较少有完全相同的款式。在官方出版的目录中，此类器物被形容为登喜路最高技艺水准的产品，仅仅生产了一段时间。从收藏角度而言，算是“尖儿货”。

题外话

顺便说点收藏的乐事，北京藏龙卧虎，历来是收藏的重地。北京收藏界对古玩的称呼很有意思，甭管多珍贵、多有文物价值，一律称“货”，久而久之，在一些资深玩家的嘴里就念成了“活儿”。

藏品根据价值分为六个级别。最低一级叫“瞎活儿”，指的是赝品，如果制作差得没边了，就叫“大瞎活儿”。第二级叫“大路货”，表示较容易得到且没有太多艺术和历史价值的东西，往往不是文物，更不是古玩，只能算旧货（旧货和古玩有本质区别）。第三级被称为“行活儿”，特点是看上去花花绿绿挺唬人的，吸人眼球，价钱不是太贵，交易换手率很高，是古玩市场上买卖的主力。第四级被称为“好货”，从客观角度讲，“好货”是具有收藏价值的器物，能收藏到就不容易了。再上一级被称为“尖儿货”，这件多功能烟盒打火机就可以称得上同类东西中的“尖儿货”。第六级也是最高级别的，被称为“狠（横）货”，这一级别的东西能让这个领域的玩家和专家一见到就心跳。人们有一个通病，看人看东西都爱往低了看。往往很好的东西，包括很多“尖儿货”，在很多收藏界人士眼里看也就那么回事儿，但看到“狠货”就都不吭声，从心里服了。

“二战”后的黄金年代

第二次世界大战之后，在打火技术已完善的情况下，随着更多新材料、新工艺的出现和使用，打火机的制造进入了黄金年代，至 20 世纪 80 年代达到顶峰。“二战”无疑是一场人类的浩劫，在此期间打火机当然也不可能有所发展和成就，那时军队官兵的打火机是作为制式装备发放，因为战争缺铜，多数打火机都是铝制的，且制作粗糙。整体而言，这一时期的打火机乏善可陈。“二战”结束后，世界迎来了较长时间的相对和平，加之各种材料工艺的迅速发展，打火机的生产制造终于进入了黄金时代。

下面介绍的打火机各具特色，可以较全面地展示“二战”后至 20 世纪 80 年代的 30 多年间，打火机在工艺水准、材料、技术、艺术上的成就。

阿斯普雷 14K 金煤油打火机烟盒套装

打火机：宽 4、高 5.6 厘米，重 58 克

烟盒：宽 9、高 11.6 厘米，重 227 克

这是英国阿斯普雷（Asprey）与卡地亚合作款煤油打火机烟盒套装，制作于 1954 年。英国王室御用品牌阿斯普雷自 1781 年面世以来，历经 200 多年，至今仍是英国著名奢侈品品牌，是时尚、精致品位、精湛工艺及卓越品质的代表，有典雅的英伦格调。这套作品采用三色金工艺，图案复杂，伊斯兰风格，制作数量在个位数，且各个图案并不相同。这套打火机在西方古典打火机中算得上是“殿堂级”藏品，原装皮套，全品保存，殊为难得。

题外话

在这里要解释一个概念。我们有时看到介绍某西方名牌的独立制作工坊，总爱加上“皇家御用”，其实这四个字和中国的“皇家造办”或“官办”是完全不同的概念。在欧洲，所谓皇家御用，只是表明王室喜欢用这个品牌的产品，并不意味着生产方不能再给别人设计制作优等产品。反而，谁出的钱多，谁定制的东西就更精美。

朗森 18K 金卡迪拉克特别定制纪念款

宽 5.9、高 3.5 厘米，重 85 克

朗森（Ronson）是历史悠久的美国打火机品牌，生产过无数式样的大众化产品。这件打火机是机型最经典、最成功的一款，对应不同的消费层次，采用不同的材质制作，从不锈钢、铜、铜镀银、银、银镀金到高端的 9K 金、14K 金套机，再到顶级的 9K 金、14K 金及 18K 金实体机壳等。

这件 18K 金制品是其最高级别的产品，整机除火嘴外都是实金，制作工艺和质量远超同机型其他材质。据说这是当时卡迪拉克公司为其成为美国总统座驾的指定生厂商而特别定制的纪念款。传说权当解闷儿，听听，一笑了之吧。不过，此打火机从后侧看确实与卡迪拉克轿车后尾灯造型相似，做工极精，不让奢侈品牌，原装盒子都以真皮精心制作。

爱马仕 18K 金镶钻石圆柱形打火机

直径 2 厘米，高 8.6 厘米，重 66 克

法国品牌，1950 年瑞士制造。名牌厂家往往以代工的方式贴牌出售一些产品，这样的产品大都不会太出彩。而此件打火机是爱马仕自行设计生产，定型于 1950 年，因设计科学合理、造型和结构独特，成为一代经典，有“罗马柱”之美称，风行半个世纪，不仅是打火机收藏爱好者的必藏之物，而且至今仍被大量仿制。当年这套产品，爱马仕批量发售的是铜镀金制品，此机为特制，采用 18K 实金且结构更为特殊，据说总制作数量只有十几件。

一件为铜镀金的标准产品，一件为 18K 金加钻石产品

都彭台式机造型 18K 金气体打火机

宽 3.5、高 5.9 厘米，重 157 克

20 世纪 80 年代制造。这件打火机原本由都彭（S. T. Dupont）公司制作，限量 2000 件，是名为“大象王子”的黑漆打火机中的一件，编号为 776 。不知购买了这件打火机的人出于何种考虑，要求厂家在原有的基础上又加了 18K 白金外壳，使机身尺寸大了一圈，重量增加了，上手把玩时手感特别舒服。

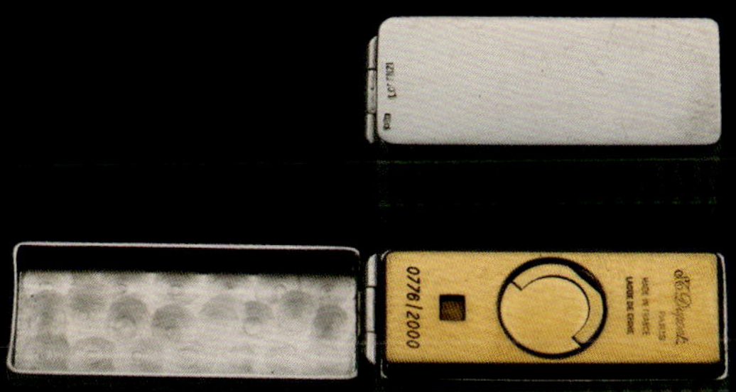

登喜路 18K 金纪念版打火机

宽 2.4、高 6.4 厘米，重 128 克

英国登喜路公司制作的长条形带有灭火上盖的打火机，最早出现于 20 世纪 20 年代中期，是当时的创新设计，被昵称为“条登”（长条形登喜路）。它有着使用方便、存储方便等优势，一直流行至今，成了经典机型。

早期的“条登”是煤油机，1956 年以这个造型成功制作了最早的气体打火机。50 年后的 2006 年，为了纪念打火机历史上这次质的变化，登喜路公司制作了此款和当年煤油机造型相同的纪念版。纪念版有两个款式，一款是 18K 金质，共制作 50 件，代表 50 周年，本机是其中第 26 号；另一款为纯银质，限量 2000 件。

百达翡丽 18K 金宝石蓝珐琅打火机

宽 4、高 5.8 厘米，重 106 克

第二次世界大战后到 20 世纪 80 年代是古典打火机生产制作的黄金时期。各品牌厂家皆使出全身解数，30 多年时间，各品类的打火机争奇斗艳、百花齐放，犹如一场盛宴。但天下没有不散的筵席，1980 年前后百达翡丽（Patek Philippe）特制的这款打火机可以看作是这场盛宴的最后高潮。

这款打火机从材质和工艺上分，有几种形式，分别是 18K 黄金、18K 白金、18K 黄金绿珐琅和 18K 黄金宝石蓝珐琅，厂家未公布生产数量。自生产至今 50 年来，市场普遍认为数量很少，尤其珐琅机，应在几十件以内。

此件造型为椭圆形，是纪念 1968 年问世的百达翡丽 Golden Ellipse 腕表。这款手表是对传统腕表造型的一次大胆突破，不仅顺应了时尚潮流，而且拥有内在的和谐美感，设计符合黄金比例，这也是艺术史和建筑史上许多优秀作品共同遵循的基本比例。

这款打火机工艺十分精细，采用纯净的高品质珐琅料，靓丽如翡翠，结构设计有新意，很完美，从实用角度看无可挑剔，堪称晚期古典打火机的代表。

从这款打火机也可以看出古典打火机的本质追求：有含蓄之美，注重品质、材料、做工，强调手工艺和古典艺术风韵。从此之后，打火机逐渐走入了一个新的时代，或可以称为现代打火机时代，即更加追求技术和时尚化，造型更夸张，更光鲜亮丽。然而在高品位和有鉴赏力的收藏家眼里，现代打火机多为机器化产品，相对缺乏内涵和赏鉴把玩的价值，而且数量普遍较多，没有太大的收藏价值。

下面介绍几件微型（袖珍）打火机和一件微型万次火柴

9K 金微型打火机

宽 1.4、高 1.8 厘米，重 11 克

这件微型打火机俗称“小金块”，只有手指肚大小，9K 金精心制作。很多人认为这么小的打火机，应只是系在钥匙链上的装饰物，实用性不强。但其实，这件微型打火机相当好用，只是必须由两只手来完成打火。

灯塔牌铜镀金刻花袖珍万次火柴

宽 1.7、高 3.5 厘米，重 12 克

20 世纪 30 年代美国制造。

dunhill
Torch Lighter
Unique
Sure
"THE LIGHT THAT NEVER FAILED"
14K GOLD PLATED

各式各样的微型打火器

法国圆筒袖珍打火机

高 3.5、直径 1.1 厘米，重 15 克

这是 20 世纪 30 年代法国知名品牌 Flamidor 生产的一种超小型铜质圆筒形打火机，外形酷似子弹，故有“小子弹”之称。此机虽小，但很好用，尾部有小环，可挂钥匙，亦很实用。

登喜路 Sylph 袖珍打火机

宽 1.5、高 2.1 厘米，重 13 克

英国登喜路公司 1953 年生产，俗称“仙女”（sylph），原本是一个系列中的一件。该系列因为造型设计优美、使用方便而受到市场的青睐，此款为其中最小者。这款打火机制作数量较少，此件又是纯银制作，带原包装完好保存至今，十分难得。

墨西哥银质抬臂袖珍打火机

上：宽 2.2、高 2.6 厘米，重 25 克

下：宽 3、高 2.2 厘米，重 22 克

这两件银质抬臂打火机是 20 世纪 30 年代墨西哥小作坊打造的，当年墨西哥的手工制作打火机十分流行。

欧洲在发展和完善打火机的过程中，吸烟的兴起和吸烟的方式起了实质性的推动作用。当时吸烟成为社会时尚，出现了卷烟，吸卷烟需要灵便的打火机，这不仅催生了各种方便好用的打火机，而且使打火机逐渐演变成一种身份标识。同时，欧洲还制作出一些特别有创意和极为精美的烟盒，下面介绍三件不同年代很有代表性的贵金属烟盒。

18K 金烟盒

宽 4.9、高 8.6 厘米，重 111 克

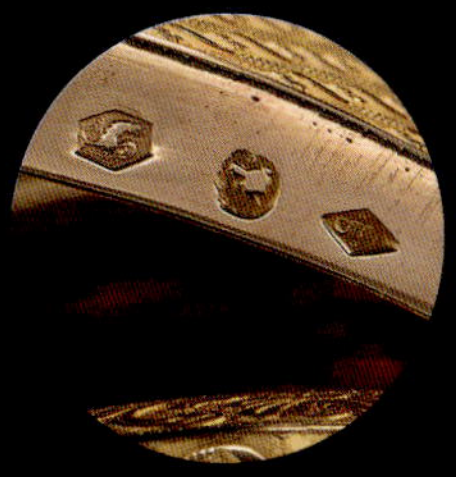

1820 年前后制作。圆角式造型，图案设计文雅有韵律，雕刻采用了仿形剔刻和纯手工剔刻工艺。仿形剔刻由机器与手工配合制作，有点类似砣机琢玉。此作品精妙至极，无可挑剔。盒盖两侧打有四个标识，分别标明了年代、含金量、制作者。生产至今已 200 余年，仍保存完好，没有任何磕碰、磨损和瑕疵，犹如全新。显然，此盒的历任拥有者都是将其珍藏，未舍得使用。

此烟盒的制作者金匠克里斯蒂安·佩施勒（Christian Petschler）1780 年出生于瑞典梅克伦堡-施特雷利茨（Mecklenburg-Strelitz），1807 年就已到达巴黎，具有一流的设计水平和金工手艺。

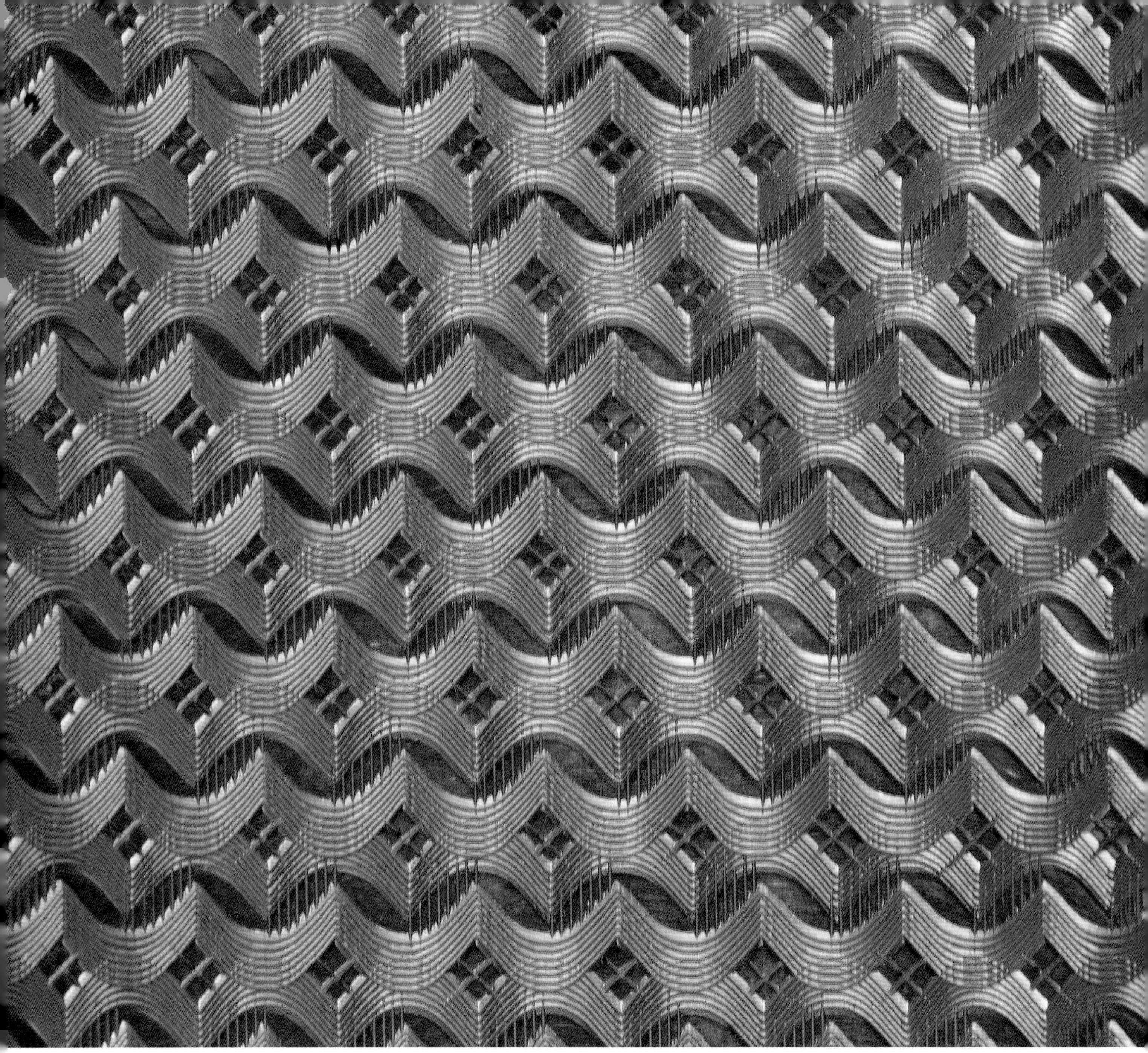

玑镂加仿形剔刻工艺的波浪纹饰。此为放大十倍的照片，展现了手工技艺之精湛

题外话

在认定一件器物的价值方面，中国和西方在“纯手工制作”这一关键词上有较大分歧。在国人的传统观念中，尤其是在古玩收藏者眼中，一件器物得完全靠手工制作，才被认为是纯手工制作；而西方人认为，在机器辅助下手工制作的东西，具有与纯手工同等的价值。这个分歧的背后有历史和价值观的因素，我们不去深谈。就事论事，平心而论，其实中国的砣玉也是有机床辅助的，所以，仅以是否纯手工来评价器物价值是有偏颇的。西方的玑镂工艺虽然是借助了被称作玫瑰机床的机器，但仍需要相当智慧的设计和难度极高的操作技术，而且制作出来的器物并非完全相同，仍有手工制作属性。我早年接受中国传统的观念，但随着自己看到的西方器物越来越多，对玑镂工艺越来越了解，我的观念改变了。玫瑰车床的制品，有艺术成分，而且其操作工艺——比如在弧面上做出复杂图案——难度也很高。

银质微绘珐琅烟盒

宽 7.4、高 9.1 厘米，重 122 克

20 世纪 30 年代奥地利制造。以写实的手法绘制猎犬，笔触细腻传神，如一幅微型油画。

微绘珐琅是怀表、手表和打火机上使用的一种装饰，因为手工绘制，需要一些特殊技巧，且高温烧制有一定难度，成品率低，故而这类产品基本属于艺术品范畴。这件微绘珐琅银烟盒属于同类烟盒中的优秀作品，完好保存至今。

这种制式的烟盒大多是当年欧洲制作出口到美国市场的，有一定的传世数量，使我一度怀疑它们采用的是转印技术而非手绘，甚至不是高温珐琅。直到前两年，我发现了几个同题材制品，对比证明它们确实是手工微绘，大明火烧制，只是画工和烧制水平不一而已。

950 纯银雕刻烟盒

宽 8.5、高 9.1 厘米，重 117 克

20 世纪 30 年代美国生产。以酸蚀刻工艺制作，上有藤蔓缠绕纹饰，烟盒上标有 silver 美国 950 银标记。

“一战”之后，欧洲和美国都曾流行一种手掌大小、造型大致相同的银烟盒。这种烟盒表面采用浮雕或者手绘珐琅画片装饰，存世数量很多，艺术水平有高有低，此处两件较为出彩，尤其图案设计非常出色。

1830 年法国生产的取火器加雪茄烟具套装。这是西方打火器中称得上“狠（横）货”级别的传世之物，放在本书“鉴赏”篇末压轴，供欣赏品鉴。

这套产品用料珍贵讲究，工艺精美，尤其令人啧啧称奇的是打铁条，光亮无比，似镜面高速钢，可见制造者付出之心血。不过，它采用的仍是最原始的金属和石头撞击的打火方式，只不过石头用了血玉髓，打火条做得漂亮精致而已。

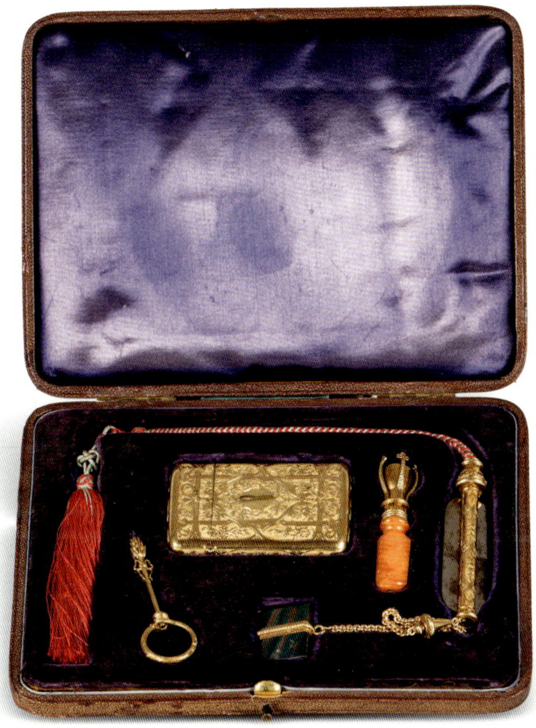

研考

清乾隆铜镏金怀表式画珐琅火镰

火镰

在火柴和打火机发明之前，火镰是人类主要的取火工具。火镰上用来击石取火的铁条形似手镰，故得此名。早期简单的火镰就是一个铁条，使铁条和燧石相撞，打出火花，点燃棉绒便可取火。火镰的起源时间无可考，但任何年代，人们生活都必须有火源，由此可推测火镰在古时一直很流行。到了明代，烟草进入中国并逐渐流行，火镰得到空前的发展，逐渐超越单一使用功能而成为身份地位的象征。

讲究的火镰有了盒体，盒内可装燧石和硝化后的棉绒。到了清代，火镰更成为男子日常佩戴之物，有了装饰和把玩的性质，其形制和材质对佩戴者身份的体现，在清乾隆时期达到极致。

研究古代器物碰到的第一个工作是对其进行分类，一般可以按照年代或者形制进行分类，但火镰的分类有其特殊难处。按照年代对火镰分类似不可行，因为有些最基本的火镰造型自古至今几乎没有变化，而这类形式较为简单的火镰携带的可以反映其时代的信息又太少，很难对其给出准确的年代判定。若按形制和产地分类，有些结构和造型相同的火镰分布地域很广，很难找出最早的起源地，还有些带有汉文化符号的火镰却在遥远的蒙古国地区流行，因此这个方法也行不通。

对火镰的研究至今仍是空白，我个人见到的实物也十分有限，在这种状况下，我试着把火镰按结构形式分为两大类：第一大类是铁条式火镰，第二大类是带镰包火镰。

铁条式火镰

铁条式是火镰最基本的形制，这类火镰是使用最广泛的火镰。从传世的实物可看出，世界很多地区都曾使用这种形制的火镰取火。在漫长的历史进程中，人们发挥了无穷的想象力，将一些火镰做成了艺术品。

紧箍圈式铁火镰

宽 7.7、高 2.7 厘米，重 39 克

这种造型的火镰传世品较多，不仅常见于中国各地，世界各地很长时间内也广泛使用，其造型特点是上部有两个涡状手柄，与孙悟空头上所戴的紧箍圈很像，故被称为紧箍圈式火镰。这件火镰由于未经科学仪器测定，其年代尚无定论，但从锈蚀状态看应有一定的年份。

读者不要因为本书“鉴赏”篇中那些精美的火镰而产生错觉，认为前人用的火镰都那么精致漂亮，那些精美的火镰大多是皇家或贵族所使用的，而在民间，这种紧箍圈式火镰已经算是比较讲究的了，更日常的火镰往往就是一个粗糙的铁片或铁条。真正称得上工艺品或艺术品的火镰在所有火镰中的比例是极低的。

流行于中原及蒙古地区的皮质火镰袋内装有火镰、火绒、火石

铜手柄铁火镰

宽 5.2、高 5.5 厘米，重 41 克

这件火镰铜手柄，铁链头，是一件传世器物，这种造型的火镰流行于河北北部和内蒙古周边地区。

因为这种形制的火镰流行时间较长，仅从包浆无法判定其具体年代，只能说它是宋元风格的火镰。

青铜鎏金手柄火镰

宽 5、高 3.5 厘米

收藏于国外。10—13 世纪波斯生产。上部为青铜透雕鎏金手柄，在手柄和打火条之间有一圈银质“围裙”，上镌有库法体铭文：“荣耀与繁荣，财富与祝福。”

仿古黄铜手柄火镰

宽 6.6、高 5.2 厘米

这种造型的火镰流行于欧洲 13—16 世纪的很多地方。上图是今人按照古代工艺复制的火镰。

铁鋄金刀鞘形手柄火镰

宽 12.5、高 7 厘米

收藏于国外。8 世纪印度生产，形似刀鞘，铁鋄金装饰。这件火镰从整体造型到图案设计均极具美感，制作工艺亦无可挑剔。

铁质刀形双面錾花波斯火镰

宽 18、高 5.5 厘米

意大利佛罗伦萨 Ginori 收藏，制作于 17 世纪。此火镰尺寸较大，双面錾花，一面为花和植物，另一面为狩猎图，在存世火镰中极精美难得。

铁雕狩猎图火镰

宽 16、高 6.2 厘米，重 209 克

这个火镰是典型的中世纪古董。铁质弯钩造型，正反两面由两组图案构成：正面图案正中间是一只怪兽，张大嘴咬住雄狮的一条腿，异常凶猛，后面的狮子被吓得止步不前。这头怪兽就是传说中的狮鹫格瑞芬。格瑞芬是希腊神话中一种狮身鹰头的怪兽，有巨大的翅膀，身上有鳞甲，敢于攻击陆地上的一切生灵。火镰反面图案的中心是一只卧地的黄牛，在两头狮子的淫威下，早已无力反抗，任凭狮子吞噬。

火镰的一侧还延长出一条怪兽的尾巴，其作用相当于手柄，也加强了怪兽图腾的神性力量。

矛形镏金镂空黄铜手柄火镰

宽 17、高 2 厘米

收藏于国外。15 世纪意大利生产。此火镰造型独特，整体镏金，十分讲究，想必当年绝非一般平民所用之物。

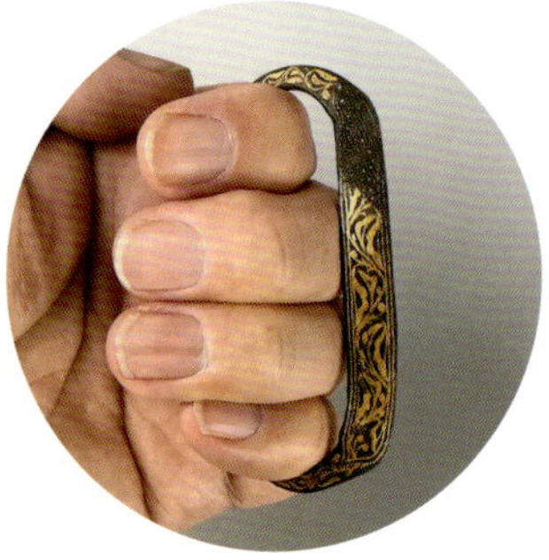

铁錽金钩形火镰

宽 7.9 厘米，重 16 克

15—18 世纪土耳其或印度地区生产。

铁质火镰

宽 7、高 3.5 厘米

收藏于国外。15 世纪法国生产。造型与中国的紧箍圈式火镰相似，上方均有两个涡状手柄。

拜占庭双头鸟火镰

宽 5、高 7 厘米，重 46 克

此火镰造型是两只孔雀，弓形体态，婀娜多姿，为了表现孔雀美丽的尾羽，设计师巧妙地把孔雀开屏的圆形图案通过一个个圆圈从鸟身一直延伸到火镰基座。

至于这件火镰是拜占庭帝国时期的物品还是欧洲中世纪的物品，不好确定，但确实有一定年份。双头鸟造型隐约有拜占庭帝国（395—1453）徽章（见右图）的影子。

拜占庭皇冠形火镰

宽 6.8、高 2.8 厘米，重 18 克

左右两个大孔可穿入手指，方便打火石时用力。

奥地利变体火镰

长 17.2、宽 2.4 厘米，重 61 克

16 世纪奥地利生产，主体内嵌铜雕相当精美，纯手工制作，镰身中间所嵌铜饰由薄铜条叠盘成图案后压嵌制成。这是一件需要熟练制作工艺且颇费工时的作品。

带镰包火镰

带有镰包或镰盒的火镰，因为可以盛放打火用的燧石和火绒棉，极为实用，镰包也更方便人们进行各式装饰。这种火镰的出现年代难以考证，应当不晚于宋代。可以肯定的是，入清以后，因为流行随身携带火镰，并通过其上装饰体现拥有者的身份和地位，所以这种火镰特别流行。有意思的是，西方鲜见这种器物。

按照不同的民族文化特色和制作工艺，带镰包火镰大致可以分为汉、蒙、藏三式。

四件皮镰包火镰

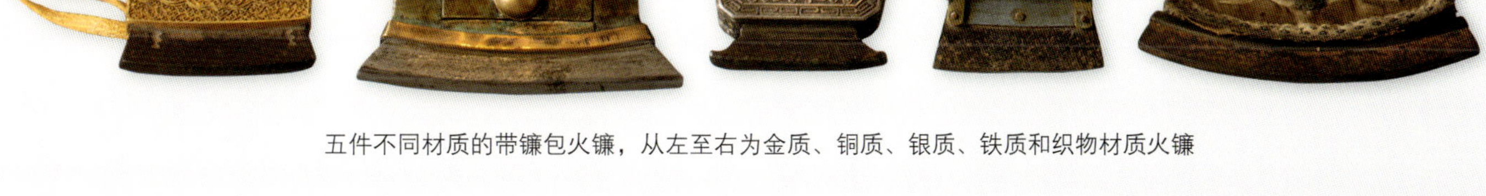

五件不同材质的带镰包火镰，从左至右为金质、铜质、银质、铁质和织物材质火镰

汉式火镰

汉文化追求高雅，喜好琴棋书画，讲究格调，注重品位。很多器物，尤其是瓷器及文房、文玩等皆精妙无比。但火镰在汉文化中只被视为使用工具，所以在传世的汉式火镰中，能够称得上艺术品的凤毛麟角。

中国历来有厚葬的习俗，往往把生前最珍贵、最喜爱的东西作为陪葬，但是这么多年来，我没有听说或见到哪个墓葬的陪葬物中出现了火镰，当然这不代表一定没有，但至少说明非常少。可见，在古人眼里，打火器、火镰这些日常用具根本算不上珍贵。

典型的汉式火镰，宽 7.3、高 4.6 厘米，重 48 克

汉式白铜牌匾式火镰

宽 9.8、高 5 厘米，重 80 克

19 世纪晚期至 20 世纪早期流行于中国中部和北部，主要在内蒙古、河北、北京、天津等地使用，与书中介绍的欧洲万次火柴大致处于同一时期。传世数量多，应是专门工坊制作的器物。

这件火镰刻有“忍者自安生财”六字，这种装饰形式在中国北方较常见，每件所刻文字多不相同，也算得上个性化产品，制作较工整，质量较高，应属大户人家使用的器物。此时距乾隆时期已经过去 200 多年了，但火镰只在装饰上有变化，在打火方式上并没有任何创新。

汉式银质宝匣式火镰

宽 4.2、高 4.9 厘米，重 41 克

清晚期制品，山西地区生产。主体为盒子，周边绘饰回纹，内雕花卉，原烧蓝，已脱落，有浓浓的山西地区风格。作为民间日常使用的器物，此件已很精美讲究，是我所有藏品中最小的一件。

汉式镂雕“万”“寿”火镰

宽 9.5、高 7.6 厘米，重 98 克

清晚期至民国时期生产。采用镂雕（也称锼铜）工艺，铁质打火条上刻有“永”字，应是制作作坊名。

这种火镰有较多的传世实物，因为是手工结合锼机制作，所以每件都不完全一样，图案的繁复程度和工艺水平的高下也会因工匠水准不同而有很大差距。总体而言，这类火镰年代较晚，艺术价值也相对较低。

汉式镂雕“指日高升”火镰

宽 8.5、高 6.5 厘米，重 60 克

清晚期至民国时期生产。采用锼铜工艺，打火条上有“王”字落款，应指京城剪刀名号“王麻子”。黄铜片锼“指日高升”四字吉语，竹节纹黄铜包边，股子皮做镰包。此件火镰在一般市井人家所用之物中质量较为上乘。

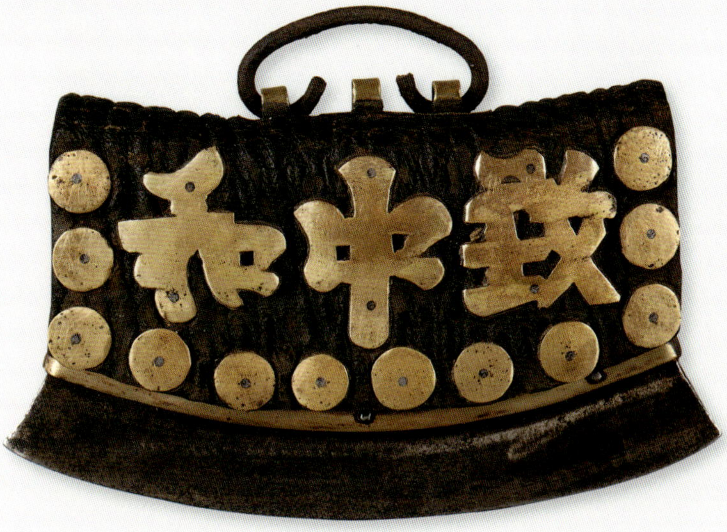

汉式“致中和”款识火镰

宽 9.8、高 6.9 厘米，重 98 克

清代生产。此件火镰镰包正面嵌装铜雕楷书大字“致中和”。镰包边缘用小圆铜片装饰，兼具加固功能。“致中和”语出《中庸》，指道德修养达到不偏不倚、不走极端的中庸境界。以名言、警句做装饰的火镰为数不少。

汉式双提梁火镰

宽 8.2、高 5.3 厘米，重 108 克

清晚期至民国时期生产。这是典型的京作火镰，相同式样的火镰我曾见过多件，但此件特别工整精美。饰件为合金铜，品质远高于同类制品，所包裹的股子皮是我所见民间火镰中品质最上乘者。此外，此火镰有双提梁，外圈的大提梁是吊梁，内圈小提梁为挂流苏而设，亦可作小链提梁，可看出其制作较讲究。

此件火镰设计感较好，有明显的Art Deco风格，虽是手工制作，但已有工业化产品的雏形。内有铭牌，轧刻“福祥寺”“义成”字号。（福祥寺在北京南锣鼓巷福祥胡同25号）

题外话

看过这些汉式火镰的读者，可能会觉得没有什么特别精美打眼的，挺不过瘾。在多年收藏火镰的过程中，我也总期盼着能找到精美有品位、称得上艺术品的、中原汉人使用的火镰，但一个没有见到，让我很失望。慢慢地我想明白了，因为汉文化是士大夫文化，喜爱的器物是文人用具，若是涉及琴棋书画，器物就会讲究得无以复加，例如古琴名堂多，琴桌名堂多，连琴桌上放的砖都大有名堂，文人书房里用的东西就更不得了。而火镰是纯粹的使用工具，在读书人的眼中不算个玩意儿，在中原文化中没有任何地位，也就没有被做成艺术品的了。

四件有汉文化符号的火镰，有意思的是，它们都是蒙式火镰结构

宽 10.2、高 5.6 厘米，重 111 克

宽 7.8、高 6.2 厘米，重 99 克

宽 9.6、高 5.6 厘米，重 128 克

宽 8.3、高 5.4 厘米，重 137 克

蒙式火镰

火镰在蒙古族是一种随身携带的装饰品，往往和蒙古刀、筷子等物件一起佩戴，因此直到现在仍有制作。当然，现在的火镰作为取火工具的属性已经弱化了。蒙式火镰吸取了各民族火镰的特点，也大量使用了汉族常用的图案纹样。较多实物证明，除皇家火镰外，蒙式火镰是中国火镰中工艺技术和艺术水准最高的。

蒙式火镰常与餐具
成套装在一起

清中期制品，银锤揲錾刻，精美至极，有韵味，
当今罕有工匠可以做到如此水准

蒙式铁鋄金火镰

宽 14、高 18.5 厘米

清代制品。标准蒙式风格，铁鋄金图案和做工精美且复杂，以装饰艺术和工艺水准而论，是我所见的同类工艺蒙式火镰中最好者。

相比汉族，中国蒙古族和藏族对火镰作为装饰品以及身份地位标志的作用更为在意，因此才有了这类尺寸和装饰夸张繁复的制品。

研究器物，最有意思的是可以透过每件器物看到它后面的人，包括设计者、制作者和使用者。虽然看不到他们的长相，却能“看”到其身份地位、艺术修养、脾气秉性，甚至可以分析出当时的社会背景。

蒙式元宝形火镰

宽 8.6、高 6.6 厘米，重 211 克

此款火镰造型常见于汉文化地区童子佩戴的长命锁，但这确实是一件较常见的蒙式火镰。整器厚重敦实。

蒙式银质火镰

宽 7.6、高 5.5 厘米，重 110 克

民国时期制品。风格端庄简洁，提梁、外框镶双“喜”字。从造型和装饰来看，这件火镰很像汉族人制作和使用的器物，但经过寻源证实，它出于蒙古国，是一件蒙式火镰。

蒙式铁质火镰

宽 11.5、高 5.9 厘米，重 110 克

清代制品。正反两面分别装饰“万”“寿”图案的铁饰件，是内蒙古和京津冀地区典型的清式装饰风格，为大户人家的家用火镰。

藏式火镰

在藏传佛教的影响下，藏式火镰多用色彩鲜艳、造型夸张的艺术装饰，常把珊瑚、松石等宝石镶嵌在器物上。和蒙古族相同，藏族人也喜欢把火镰作为装饰品随身佩戴。所以至今藏族还在不断设计和制作各式各样的精美火镰。

此件火镰十分有趣，它是蒙式结构、蒙式工艺，但装饰风格却是藏式的，尤其图案，镰包正面的两侧有铁错铜的大鹏，打铁条的错铜图案为“藏八宝”。因此，有理由相信这是蒙古族人为藏族人制作的一件火镰。

按其装饰风格，将其归入藏式火镰内。

藏式大火镰

宽 15.4、高 8.3 厘米，重 443.3 克

清代至民国时期制品。此火镰大且重，为典型的藏式风格。背面装饰的铁饰件似为天珠造型，有人称其为“铁珠”，在很多藏式火镰背面都可见这种题材的饰件。此火镰工艺较粗糙，但在西藏地区日常所用的火镰中已算较上乘。

藏式绿松石火镰

宽 14.5、高 8 厘米，重 197 克

清代至民国时期制品。此件火镰的装饰有浓郁的康巴风格，镶包正面以绿松石及仿珊瑚的料器镶嵌，以白铜十字花装饰包边。

藏式火镰

宽 14、高 7 厘米，重 223 克

藏式火镰

宽 15.5、高 8.5 厘米，重 236 克

藏式火镰

宽 13.5、高 6 厘米，重 355 克

法国女士用带盒袖珍火镰

宽 3.6、高 3.9 厘米，重 50 克

18 世纪法国生产。火绒管金质部分为 22K 金，锤揲海螺纹，工艺极精，两端图案相同。如此高级别古代打火器，显然不是欧洲平民能使用的，有可能是皇室女眷的心爱之物。

此件法国火镰是典型的中国清代带盒式火镰的结构和造型，只是中国的火镰不附带火绒管，也就是说，这是一件法国制作的仿中式火镰。

在 18、19、20 世纪生产的各类器物中，常见“中仿西”“西仿中”的制品，这件火镰就比较典型，故放入“带镰包火镰”予以介绍。

清代宫廷火镰

清皇室特别注重自己的正统地位和皇权，故其所用的火镰也被赋予了更深刻的内涵。清代宫廷火镰大都是由内廷造办处各作的能工巧匠设计制作，从用料到工艺都达到了极致。

孝贤皇后富察氏为丈夫乾隆皇帝所制火镰袋（台北故宫博物院藏）

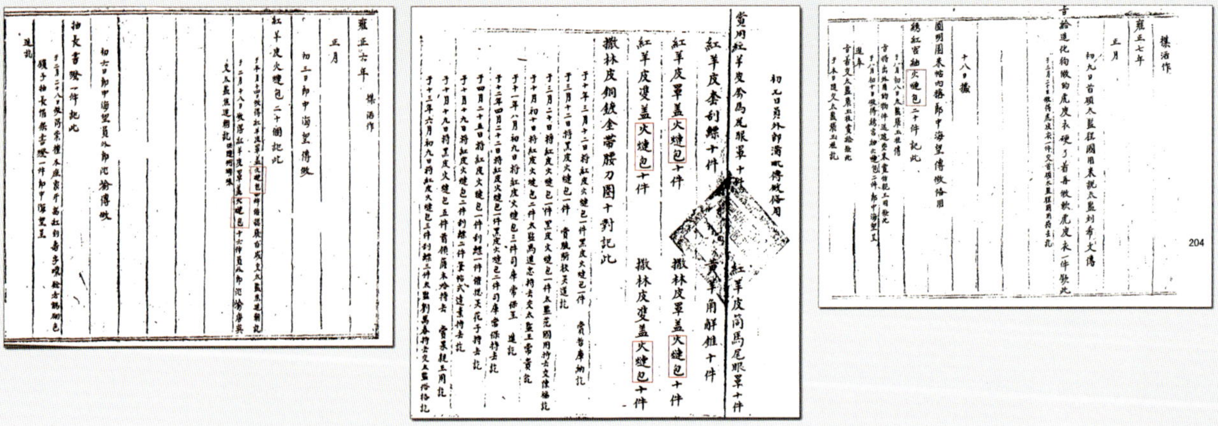

文献中关于清代宫廷火镰的记载

清乾隆黑漆描金火镰

此火镰盒采用木胎黑漆描金，绘制松石海浪图案，金色深浅不一，以展示景物的前后关系，整个画面看上去层峦叠嶂，立体生动，有典型的乾隆时期工艺特征，尤其图案中式风格明显，故有理由认为这是一件乾隆宫廷制品，但这种以工艺和图案风格判定出处的方式有主观性。

中日两国在漆器艺术方面的交流由来已久，早期是中国制漆技术流向日本，到了宋代开始相互交流，日本漆器在与中国交流的基础上逐渐形成独特的风格，16—17 世纪中国进口了大量日本漆器。故宫博物院藏日本漆器根据制作工艺可分为描金漆、彩绘漆、螺钿漆，装饰题材多为花卉、鸟兽、山水、人物、神话故事等。雍正、乾隆时期，内廷造办处仿制此类日本漆器，并称之为“洋漆”，由于雍正对黑漆器物尤其钟爱，更促进了黑漆工艺的发展。此件火镰即为这一工艺的典型代表。此种形制的火镰当年曾制作多件，唯金漆图案不同。

此件火镰曾于 2015 年出现在国内某著名拍卖公司的拍卖会上，底价不高，但当时藏家们对其是出于日本或是清宫造办处存有疑问，多不敢出手，后被慧眼识珠的智者以廉价拾走了。日本旧货和清宫官造器物在价值上有天壤之别，当然，我现在仍不敢说此器一定是乾隆官造，但对这位藏家很钦佩。

清乾隆桃形洋漆火镰

故宫博物院藏。此为典型的雍乾时期清宫造办处仿日本洋漆（莳绘工艺）制品，设计独具匠心。雍正、乾隆两朝对日本漆器尤为青睐，曾命造办处制作过包括家具在内的各种“洋漆”作品。

对于此件器物，熟悉日本漆艺的人士可能会怀疑它是一件日本制物，由早年清宫采办而来，因为其图案和工艺都太“日本”了。有关清宫仿日本“洋漆”和日本制作的区别，我因实物考察和文献调研尚不到位，故无法给予决断性的鉴定结论，有待年青学者和专家今后的研究。

清乾隆铜镏金镂雕双龙纹火镰

宽 6、高 2.7 厘米

王世襄先生旧藏。左右两龙昂首于正中上端结合，下镶打火条。此器虽小，但尽显工艺之精、设计之巧，为典型的清宫内府工艺。

清乾隆贝壳镶象牙火镰

沈阳故宫博物院藏。此件火镰设计极富想象力，称得上是一件优秀的艺术品。火镰主体两面皆以暗红色贝壳为面，外圈包以象牙，牙面雕刻夔凤卧蚕纹。火镰上部系一根明黄丝带，中穿一颗红色珊瑚珠，下部贝壳合口处可抽拉打开，为火石摩擦引火处。

一件器物的价值不完全取决于其所用材质和制作工艺，以此火镰为例，其设计创新的艺术价值远胜纯金加宝石的价值。

清乾隆金累丝嵌松石火镰

宽 8.7、高 6.5 厘米

故宫博物院藏。此火镰盒体为扁葫芦形，寓意“福禄万代”，两面满嵌绿松石朵花，黄丝带上穿红珊瑚珠一粒，工艺复杂精致。打火条处手工錾刻一圈细珠，是乾隆时期官造火镰特有的特征。这件火镰原与一件赤金嵌松石镂空扳指盒同挂在一条吉服带上，为典型的清内务府造办处制品。

清乾隆缂丝牡丹花卉火镰

故宫博物院藏。以织品作为镰包是火镰中的一种常见形式，以清宫官造的最为优秀，而其中使用缂丝的则堪称极品。

清乾隆钱包形铜镏金画珐琅火镰

宽 7.3、高 8.3 厘米，110 克

此火镰正反面均以珐琅绘制了 18 世纪法国著名芭蕾舞演员玛丽·卡玛戈（Marie Camargo, 1710—1770）的表演场景，画功精湛。在我所见过的小型画珐琅器中，包括鼻烟壶、怀表、盒匣等金属胎画珐琅器，若以画面生动和灵气而论，此件为最佳。打火铁条上亦有精细的手工錾花浮雕。

此器应是圆明园西洋楼遗物，原为法国 Weiss 家族收藏，曾在 1900 年巴黎世界博览会上展出。

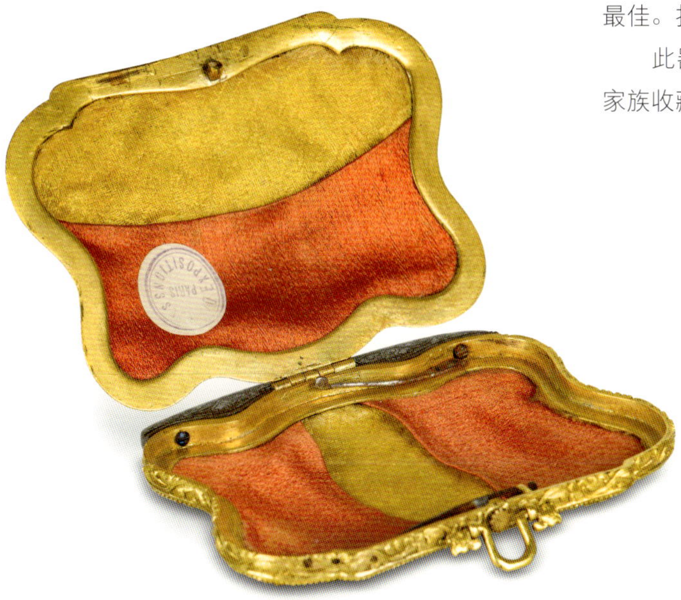

放大两倍后的画面，仍然生动。画匠是何人？有意思的是，中国专家认为是外国人，外国专家则坚信是当年清宫内务府造办处的中国人。实际上，这个画面仿自18世纪法国画家尼古拉·朗克雷（Nicolas Lancret, 1690—1743）的画作《舞蹈中的卡玛戈小姐》（*Mademoiselle de Camargo Dancing*）

台北故宫博物院收藏的乾隆嵌珊瑚和松石火镰。
二者对比，可见提梁造型相同

清铜镀金胎嵌西洋画珐琅人物火镰盒

长 8.2、宽 5.8 厘米

这两件火镰盒是台北故宫博物院藏品，与前页的钱包形火镰和下页的圆形火镰显然是同一出处，下文是台北故宫博物院的器物说明，供参考。

盒椭圆形，顶有几形钩及开关，盒内以黄色缎布作内袋。器缘有浅浮雕卷叶纹，器面嵌有法国利摩日（Limoges）画珐琅片，两面各为衣着华丽的欧洲宫廷男女人物，分别身着蓝、绿衣裳。椭圆形小盒，铜质镀金，两面镶饰金属胎画珐琅人物肖像嵌片，外缘有锯齿状及卷草花叶纹双层边饰，盒之扣合处有双螭首环。盒内小袋可盛放随身物件如打火石等，属火镰盒形制。画珐琅人物像均衬以黑色珐琅地，外缘绘有金色边框，最外圈露出白色底釉。男子像卷发及肩，着宝蓝色翻领外衣，肩袖镶有边饰，纽扣双排对称，内衫领缘作白色透花波浪状，颈系白色领巾。另一面女子像，长发高髻，颈部戴有珠链项饰，身着绿色镶边华丽敞领外袍，领边缀饰透花薄纱。人物开面笔触细腻，发丝以绵密的线条层层堆叠，并参以深浅不同的灰、白、金色表现明暗。脸部与颈部则以平行细线表现向背，与铜版画中阴影表现方式

此器不知现在何处，从造型设计、用料、做工来看，显然与前两件是同一时期、同一出处的器物

相近，眼、鼻轮廓与前额、双颊以白色勾描，产生高光效果与凹凸立体感。人物服饰厚施蓝、绿色珐琅色料，微泛玻璃质光泽，色彩莹润华美，纽扣、衣缘描金，质感富丽。传世法国利摩日 17 世纪晚期至 18 世纪生产之画珐琅作品中有一类用于金属线、丝质囊袋上的椭圆形画珐琅人像嵌饰，均以两面各一之男女头像或半身像出现，其中黑底人物像多配以蓝、绿二色衣袍，整体用色与此件相类，唯细部表现有繁简精粗之差异。卢浮宫所藏一件嵌蓝色珐琅地双面人物像囊袋，为匠师小雅克·洛丹（Jacques Laudin II，1653—1729）作品，所绘人物之面相、发型、衣着以及佩饰与此件有较多相似之处。此件画珐琅嵌片，绘制工细且具明显西洋风格，珐琅呈色鲜明润泽，蓝、绿发色尤具玻璃质感。女子像外缘下方，白色釉层上有褐色珐琅书写字样，L 字尚可辨识，余残漶不全，或可与老雅克·洛丹（Jacques Laudin I，1627—1695）或小雅克·洛丹存世作品款识做进一步比对。文献记载清康熙朝晚期广东官员曾进呈珐琅铜画片，可能是与此种西洋画珐琅相近，可加以衬裱或镶嵌于匣盒上的物件。

清乾隆金火镰

宽 9.6、高 5.2 厘米，重 128 克

此件火镰主体以金液整体浇铸，再经手工锤揲、錾刻、打磨等工序制作而成，立体感极强；图案为双龙戏珠及鲤鱼跃龙门，寓意飞黄腾达、一步登天。火镰下部的打火铁条与盒体用铆钉固定，从侧面可以看出其整体的厚重感。此件配有如意垂肩装饰的原套荷包布袋。

清乾隆玉雕带镰套火镰

故宫博物院藏。此火镰以极精美的玉雕作为握把，并配有讲究的藤编火镰套。

清乾隆锁绣、盘银绣荷包火镰

宽 10、高 6.5 厘米，重 53 克

此件火镰以丝织品代替皮子，采用至少三种编织方法，包括特别讲究的锁绣、盘银绣，看着不起眼，但从其精细的铁件做工与织绣工艺，可看出其不同寻常。上盖内衬是明黄色，无疑是一件皇家用品。类似的火镰在故宫博物院藏有多件。

题外话

由以上火镰可以看出，清代皇家所用的火镰件件都精美无比，很多属于艺术品。清政权由少数民族建立，他们需要建立正统地位，这关系到政权和江山。因此，他们用的任何器物无一例外要和民间有明显区别，要有皇家的特征。这就是清代皇家火镰件件如此精美的根本原因。

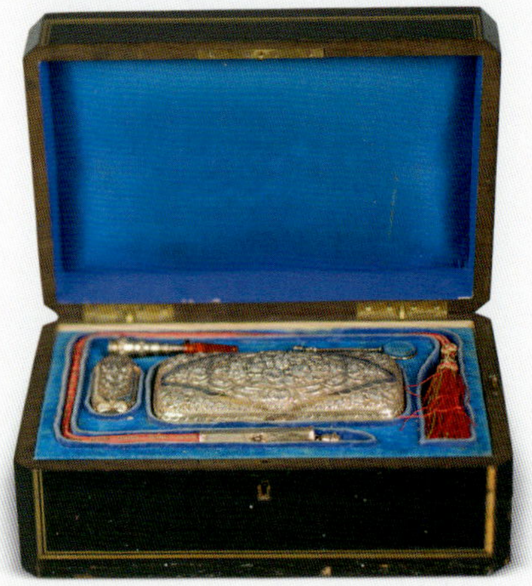

法国 19 世纪火柴盒加烟具套装

箱子长 26.5、宽 19、高 11 厘米，带钥匙

在一只做工极讲究的黑漆嵌螺钿、边饰铜条的木箱内，放置着火柴盒、火绒管、烟嘴等。

法国 18 世纪银质袖珍打火器套装

银质火镰宽 3.9、高 2.9 厘米，重 19 克

小巧精美，匣内还存有原使用的燧石。

打火机

历史上，人们在探索打火方法的过程中有过许多尝试，既有化学方法，也有物理方法，如利用化学反应产生火、利用容易自燃的各种磷化物质点火、利用击打爆燃火炮纸等。每种方法都有其优点，但是如果从安全、可控、便于携带、使用方便上考量，再考虑经济性、可批量商业化生产和销售等方面，则这些方法都不能让人满意。

到了 19 世纪后期，人们终于认识到，在当时特定的生产力条件以及所能获得的材料有限的情况下，以带齿的金属摩擦特制的火石是唯一现实可行的办法。这个思路到了 20 世纪初成了主流，依照这个原理，真正实用的打火机终于出现了。随后，在这个领域，人们展现出无穷的智慧，百花齐放，使这种摩擦打火的方法有了多种形式的呈现，出现了五彩缤纷、各式各样的打火机。

对于西方打火机，目前没有学术上的分类，从不同的角度有不同的分法：既可以按所用燃料分成煤油机和丁烷气机两大类，也可以把它们看成艺术品分成古典风格和现代风格两类，还可以按照制造国家来分类。西方近 100 年生产的打火机数量众多，品种繁杂，涉及的国家和地区很多，对打火机进行具体划分时会发现各有各的问题，很难找到一个理想的分类方法。

鉴于本书更强调的是打火机的艺术性和工艺水准，故主要涉及古董煤油打火机。

早期和特殊结构打火机

人类为了获取火，几乎想尽了所有的办法，五花八门的招数，有些超级离奇，但大都昙花一现，没有对最后形成实用的打火方式起到实质性帮助。对于这些不靠谱的方法，本书不予涉及。最后成为主流的是以碰撞或摩擦出火的方式，其中 17 世纪就出现的燧发枪应该算是这种打火方式的雏形，日本借鉴这种方式曾经制作了不少可挂在“根付”（日本旧时用来悬挂随身物品的卡子）上的打火器（如下图），但因每次用都要放火药，也被淘汰了。

德国斯图加特市林登博物馆藏日式打火器

拨拉式打火器

宽 3.2、高 6 厘米，重 55 克

1921 年法国制造。严格地说，它并不算真正的打火机，而应被称作“拨拉式万次打火器”，其原理与万次火柴相同。这种器物的“辈分”要高于传统打火机。同一品牌出品的这种形式的打火器，多为纯铜、铜镀银材质或珐琅，这件为纯银错金，传世数量较少，十分难得。

Nassau 白铜古董煤油打火机

宽 3.9、高 5.7 厘米，重 50 克

1910 年美国制造。这件打火机为经典的美国早期实用机型之一，其造型结构都有典型的美国特点。

Rolight 古董煤油打火机

直径 1.6、高 7.2 厘米，重 57 克

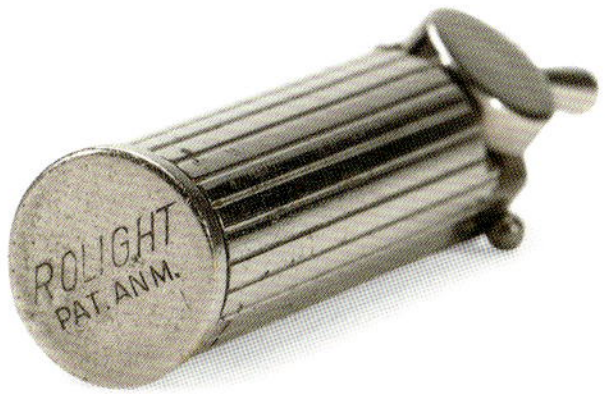

1937 年英国制造。这件打火机小巧玲珑，结构设计很特殊，采用预加力后反弹摇臂的打火方式。

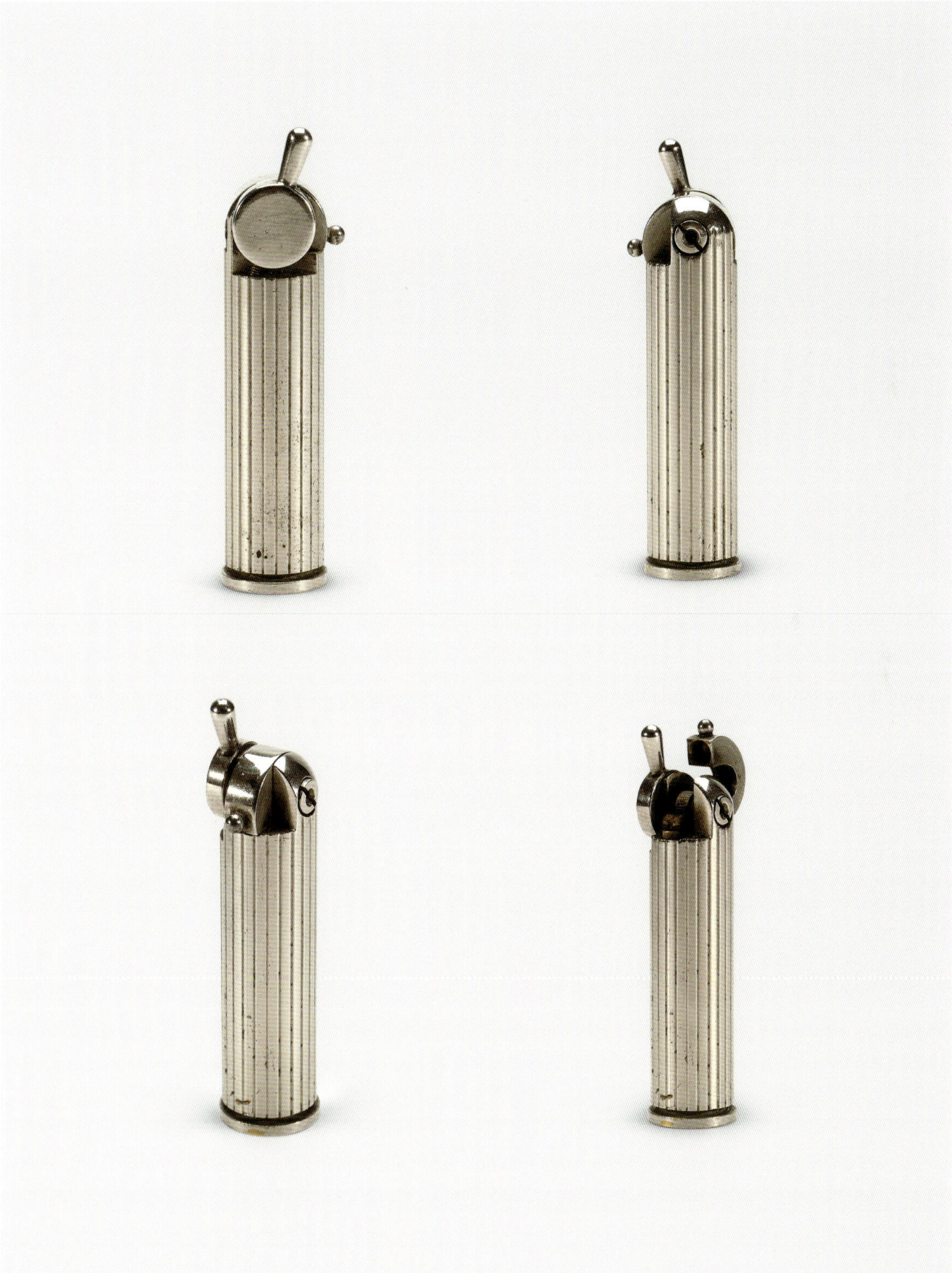

Beney 古董煤油打火机

宽 3.9、高 5.6 厘米，重 60 克

1945 年英国制造。设计很特殊，在抬臂杆内藏有棉芯，打火后可以同时引燃两个火种，更方便某些特殊情况下的使用。

Longfellow 古董煤油打火机

宽 1.9、高 6.8 厘米，重 45 克

1930 年奥地利制造。这款打火机造型修长，操作顺手，结构较特殊，不仅火轮设计独特，且灭火帽带伸缩功能，密封性更好，细节之处可见匠心。机身侧面带法国出口税标，底部专利号为 79262，至今打火率仍接近 100%。

Always 银套古董煤油打火机

宽 3.6、高 5.5 厘米，重 45 克

1915 年德国制造。此打火机方头方脑，看着其貌不扬，却属特殊结构机型，在打火机发展史上占有重要地位。一般打火机的搓火轮为圆形，而该机为长条形，状似搓衣板。此机打火有力，深受打火机爱好者追捧。

此外，这种打火机的火石仓结构也很特殊，是方形的，使用方形打火石。后来方形火石淘汰，普遍都使用直径 2.8~3.0 厘米标准圆火石了。

McMurdo 打火机

宽 4、高 5.5 厘米，重 61 克

1950 年英国制造。这是一款自动打火机，横搓轮结构，一搓搓轮，防火帽自动升起，六边机身，结实耐用。这款机型还有不同材质和装饰的其他产品，每件产品都留有签名窗，售价很亲民。

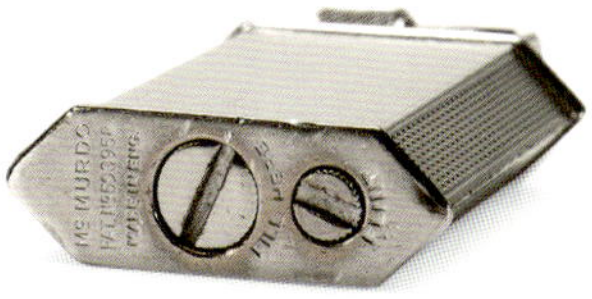

Douglass 打火机

宽 4.3、高 5.3 厘米，重 67 克

1926 年美国制造。这是一款为大众设计生产的打火机，以简单实用为设计宗旨。它看似简单，但造型经典，人见人爱，加之价格不太贵，一直生产至今（早年在美国生产，后来转到日本）。从打火机底部的铭文，可知其生产年代与地点。

铜镀金打火机

宽 3.2、高 7.2 厘米，重 36 克

此为较早期法国设计并进行工业化生产的产品，没有商标。这类结构简单、价格低廉的大众打火机，当年有很多小厂家设计制作，但后来几乎都倒闭了。此件打火机显然是被常年使用，搓轮和灭火帽曾更换。

西方的打火机，即使是很常见的工业化低价产品，也往往在器物最显眼的地方留有一个专用的签名窗，供使用者以各种形式展示其名字甚至照片。而中国人很少把人名或头像镌刻在器物上，这反映出两种文化的差异。

Park Sherman 铜镀金台式打火机

宽 4.5、高 8.6 厘米，重 87 克

这件台式抬臂煤油打火机造型庄重大方，机身装饰图案精美，曾是美国人很喜爱的日常使用的打火机，价廉、实用还有装饰性，故产量巨大。

Mylflam 银套古董煤油打火机

宽 4、高 5 厘米，重 65 克

1940 年德国制造。银套高浮雕，正面为轮船图案，背面为田园风景图。双环式打火设计相当机巧，在靠近机头处按压，火焰可以常燃不灭；在略靠后一些的地方按压，则是正常打火，松开后自动灭火。

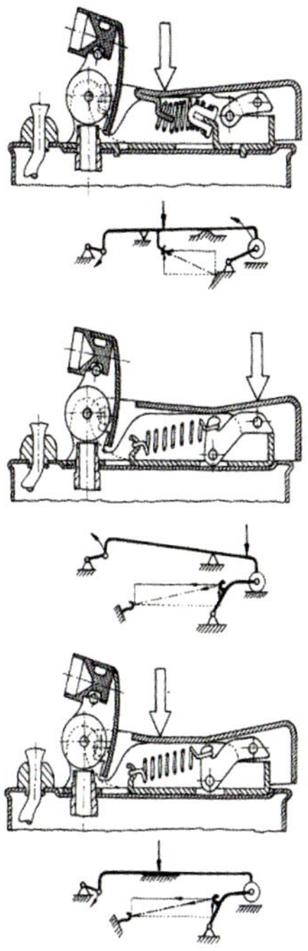

Flamidor 超粗双头古董火绒机

长 45 厘米，重 128 克

1930 年德国制造。到 20 世纪 30 年代，煤油打火机已成熟了，为何还生产使用火绒机呢？原因是多方面的。这件火绒机在使用时无须添加煤油，直接靠火轮摩擦火石的火花就能点燃火绒，加粗的火绒条使其能在极端的大风天或高海拔缺氧的环境下使用。由于它能较长时间维持火源，有结实耐用的优势，也能满足点雪茄的需要，因而在很长一段时间内一直被使用。

另据朋友相告，美国的监狱有段时间曾不许使用装有煤油可以打出明火的打火机，因此有厂家专门制作类似的火绒打火机，供监狱中的犯人使用。

此件火绒机有前后两套火石杆打火器，颇令人费解，或许是厂家为了提高打火成功率，或许是商家为了提高销售量。

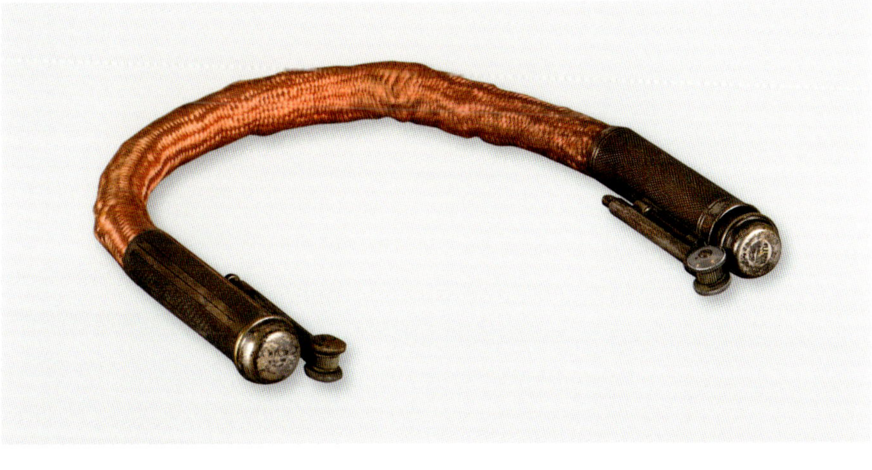

登喜路镀金小方块煤油机

宽 3.4、高 3.4 厘米，重 48 克

1946 年瑞士制造。这是登喜路非常经典的一款煤油打火机，昵称“小方块”。整机纯铜镀金，打火处翻盖，侧边滚轮点火、加油，简便耐用，价格不高但实用体面，还可作为把玩的小器物，风靡一时。

PRES 台式自动火柴机

宽 8.3、高 9.5 厘米，重 158 克

20 世纪 30 年代美国制造。这是一款蓄能台式自动机，通过直接按压点火杆，触发蓄能开关，然后拔出点火杆轻触开关即可自动点火，使用方便。机身为红色电木材质，机头侧边有专利号和品牌信息，属少见的台式自动火柴机。

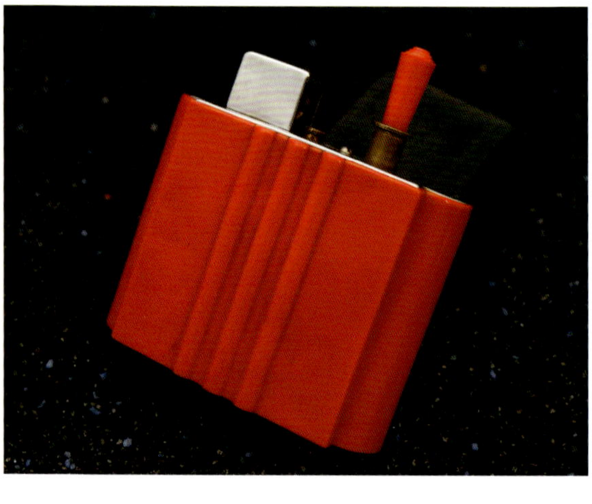

“一战”战壕打火机

自从采用搓轮摩擦火石这种方法成功制作打火机，打火技术跨入了一个新时代。此后 100 多年，各种形式的打火机不断推陈出新，但大都基于这个原理设计生产。

1914—1918 年第一次世界大战期间，出现了一种新艺术形式的打火机——战壕打火机。当年西线战场是战壕战，因为有重型机枪把守，双方对峙，谁都不敢贸然大规模进攻。双方士兵躲在战壕里不敢出头，几个月甚至大半年时间都没有战事，挖的战壕延绵几百公里，每一两千米就设有一个中转站，有的类似小型工坊，主要用于维修兵器等。战壕内，士兵们生活苦不堪言，实在没什么事干了，为消磨时间，更作为精神寄托，就凑一块儿琢磨起设计、制作打火机来了。当时英、法、德三国都是全国动员服兵役，参战士兵来自各行各业，其中不乏艺术家、科学家、工匠等，所以，不少战壕打火机颇具艺术和工艺价值。

我收集了 50 多件手工制作的战壕打火机，每一件都独一无二，独具特色。它们表现了士兵对艺术的追求和对生活的向往，也显示了当时的社会风貌、士兵的精神面貌。这些打火机是“一战”历史的一种辅证，如果能为它们办一个展览，相信会无声胜有声地让人实实在在感受到战争的残酷与和平的可贵。

恐怕有的读者会有疑问：战壕打火机真的是在战争前线制作的吗？我也曾怀疑：在冰天雪地的战壕里怎么可能制作打火机呢？而且没有找到相关的可靠影像或文献记录，所以不能说这是铁定的事实。对某一历史事实的认识和判断往往要通过较多的实物搜集与研考，不过，合理的逻辑推断也是非常重要和有价值的。

下面列出了几十件战壕打火机，希望具有金属加工基本知识、爱动手制作物品、爱思考且熟悉“一战”历史的读者能做出客观的判断。

银圆战壕打火机

直径 3.8 厘米，重 32 克

1914—1917 年制作。这是由一块小银圆制作的打火机，先把银圆从中剖开、磨薄，再将两片银圆用铰链连结，中间装上打火机，这样从外表看还是一块银圆。

很多器物在特定年代会显示出一些共性，熟悉中古怀表的人都知道，这种银圆战壕打火机与同时代流行的银圆式怀表在形式和设计理念上如出一辙，而银圆式怀表后来又演变为金币怀表，风靡一时。

题外话

有位曾参加 1969 年对苏自卫反击战的朋友告诉我，在双方对峙阶段，中方士兵兴起过做烟斗的热潮，他们就地选用各种材料发挥想象力，制作出不少各式各样的好烟斗。这个事实也印证了在极残酷的战争中，偷闲动手做些东西是减压的极好方法。

鸡冠壶形战壕打火机

1914—1917 年制作。中国文物迷见到这三个战壕打火机一定会乐：这和辽代白瓷皮囊壶（也叫鸡冠壶）太像了。其实，这类打火机是用给毛瑟枪填底火药的小壶改造而来。由于毛瑟枪“一战”前已经被淘汰，这种小壶就成了很好的改造打火机的坯子，只需要加一个火石杆，士兵们就能把它们改成打火机。右下角银质较小的那个原本就是打火机，以高纯度的 850 银制作，年代稍晚一些，因为是专门设计的商品，不是制作于战壕中，结构和造型也更为讲究。

这类打火机是原制的还是由火药壶改制，要根据实际情况来判别，例如有三个口，显然有一个是多余，后改的可能性较大。

红铜质战壕打火机
宽 4.9、高 5.8 厘米，重 46 克

黄铜质战壕打火机
宽 5.3 、高 6.9 厘米，重 67 克

银质战壕打火机
宽 5.2 、高 4.9 厘米，重 21 克

大油壶形战壕打火机

1914—1917 年制作。这件大油壶形打火机粗糙无装饰，显然是纯手工制作，应是先锤打成型，然后马马虎虎锉了锉，两边一焊就完工了。但正由于它是用最简单的工具、最基础的手艺打造出来的，反而能证明它的确出自战壕。

这件打火机虽制作粗糙，但膛大，装油多，更实用。通过它，似乎看到了一位大大咧咧的士兵。

直径 7 厘米，重 75.4 克

直径 5.2 厘米，重 50 克
铜质，由怀表前后盖改制而成

右面和上面这类打火机有些是用怀表壳改的，有些是原制的，糙一点的说法就是“拆东墙补西墙，五马换六羊”，分辨的方法有很多讲究，仅靠文字很难说清，收藏过怀表的人看一眼就能辨明。

直径 4.6 厘米，重 42.6 克
银质，由怀表前后盖改制而成

直径 5.6 厘米，重 48 克

这件打火机也是纯手工制作，虽不算精细，但比上一件大油壶要精美很多，正反两面錾花。通过它，似乎看到了一位躲在战壕里耐心仔细进行打制的士兵。

直径 6.2 厘米，重 87.3 克

直径 6.5 厘米，重 107 克
由一件乌银怀表改制而成

这 16 只战壕打火机多为《圣经》造型，其中两只是法国当年流行的家庭相册造型。不管是什么造型，总之它们都是士兵心中的“吉祥物”，有抚慰心灵的作用。

书本式战壕打火机

1914—1917 年制作。书本式战壕打火机是战壕打火机中数量最多的品种，大多数造型有《圣经》的影子，有的甚至就像是一本缩小的《圣经》。战争中随身携带这样的打火机，对士兵心灵有安慰的作用，可算一件“吉祥物”或“护身器”。

宽 4、高 5.2 厘米，重 76 克

宽 4.3、高 5.5 厘米，重 80 克

没有火石杆的书本式战壕手持煤油灯

宽 5.6、高 7.2 厘米，重 157 克

宽 3.9 、高 7.2 厘米，重 95 克

宽 4.6 、高 6.3 厘米，重 103 克

宽 4.7 、高 6.1 厘米，重 71 克

宽 4.1 、高 6 厘米，重 70 克

宽 4.5、高 6.5 厘米，重 91 克

宽 4.5、高 6.2 厘米，重 102 克

宽 4、高 5.4 厘米，重 75 克

宽 4.1 、高 5.8 厘米，重 53 克

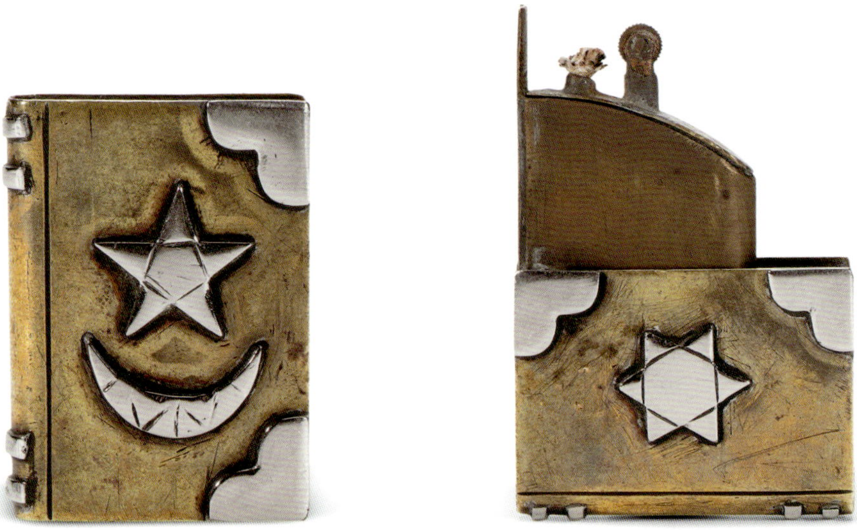

宽 3.4、高 4.5 厘米，重 48 克

宽 3.6、高 4.8 厘米，重 57 克

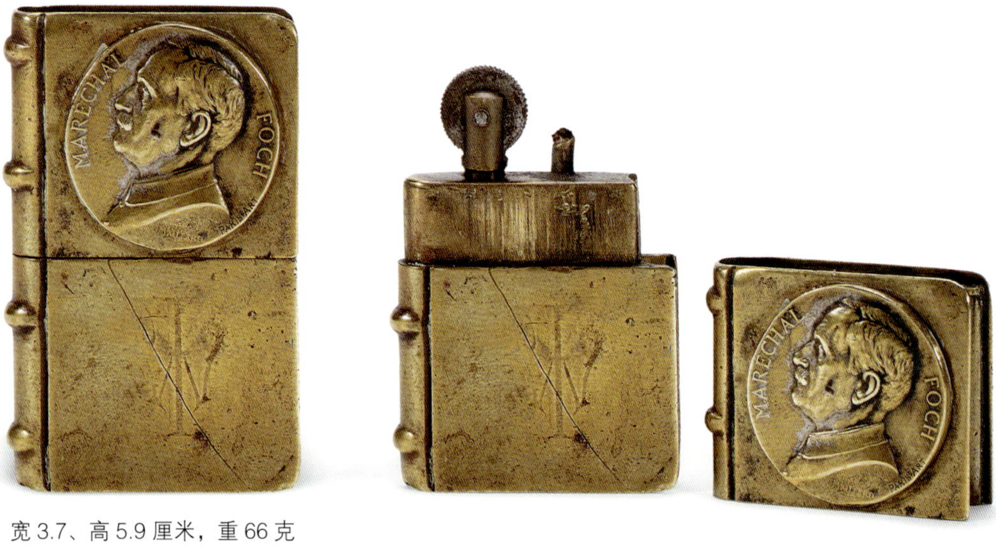

宽 3.7、高 5.9 厘米，重 66 克

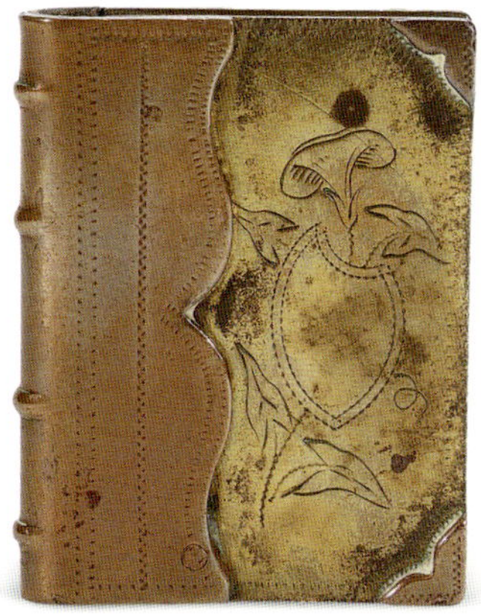

宽 4.7、高 6 厘米，重 78 克

宽 4.5、高 5.9 厘米，重 76 克

宽 4.5、高 6.2 厘米，重 102 克

宽 4.7、高 6.1 厘米，重 71 克

宽 4、高 5.4 厘米，重 75 克

宽 3.9、高 5.3 厘米，重 77 克

宽 5.6、高 7.6 厘米，重 179 克

几十件百年前士兵在战壕中制作的打火机静静地放在一起，如同一片墓地。透过一件件打火机，我们似乎可以看到那些无辜卷入战争的士兵，他们那么有才华，却没有多少人能够在战争中幸存下来，重返家园。

圆饼式战壕打火机

直径 6.2 厘米，重 87 克

圆饼式打火机是战壕打火机中非常有特色的一个品种，主要特点是结构简单，士兵可以自己动手制作。“一战”时期的圆饼式战壕打火机存世数量虽然不少，但精品难寻。

此为圆饼式战壕打火机中的一件精品，具有独一性和一定的艺术水准。它比一般的圆饼式战壕打火机大得多，直径超过 6 厘米，采用黄铜纯手工制作，正反两面嵌薄白铜和紫铜带，图案分割巧妙，与原机壳的黄铜形成三种颜色的对比。凡做过金属手工的人都知道，这种手工镶嵌工艺相当费时费力，亦需要一定的技术。

俄罗斯银镀金珐琅嵌蓝宝石男女款煤油打火机

男款：宽 4、高 5.9 厘米，重 92 克

女款：宽 4.2、高 6.1 厘米，重 76 克

这是一套两件法贝热风格的打火机，法贝热公司制作的打火机作品备受皇室贵族喜爱。因工作量大，法贝热曾邀请欧洲最棒的工匠赴俄国帮忙。这两件打火机 1915 年由法国的 Artel 在法贝热工坊制作。整体施涂珐琅，高温珐琅不仅料质纯净，玑镂图案也相当工整美观。高温珐琅又称“大明火珐琅”，烧造技术较有难度，而这件打火机的工艺却相当精湛。

题外话

本页及下页介绍的五只俄罗斯打火机并非战壕机，但它们与前面介绍的“一战”战壕机是同一时期的制品。我将这五只精美无比的俄罗斯皇室和贵族特制的打火机放在此，目的在于从小器物透视当年的阶级差别。俄罗斯法贝热打火机生产时间为 1908—1917 年，仅 10 年。本页这两件打火机制作时赶上“一战”爆发，俄国在前线的军队因缺医少药、装备太差而溃不成军，后方又面临着全国大饥荒，王室贵族却还有心思定制这么讲究的珐琅打火机。对比同一时期士兵手工制作的战壕打火机，令人不禁唏嘘。

三件极精致的沙俄时期法贝热打火机，第三件最为讲究，从微绘珐琅的亚历山德拉皇后肖像来看，应是其本人的用器

贵金属和多功能打火机

第一次世界大战结束之后到第二次世界大战开战之前的20年时间，是打火机在西方发展的最辉煌时期。在这个时期，由于特定的历史和社会因素，社会风气崇尚虚荣，打火机也越发豪华。因为打火机是当时男人和女人都使用的物件，可以显示使用者的身份和地位，并且有赏玩性。那个时期人们视吸烟为时尚，各阶层的人吸烟比例极高，这也是促进打火机发展的一个重要因素。

这一时期的打火机有三个主要特征：一是使用了贵金属，二是加强了艺术性和装饰性，三是具有了更多功能和赏玩性。

一般而言，由金银制作的打火器被归入贵金属器物，然而从传世实物看，欧美银质打火器相当多，首先白银产量高，价不贵，且加工性极好，制作成本低，成品大多是生活实用品。黄金和铂金不仅本身贵重，而且用它们制作的打火机多要由手工打造，所以，严格地讲，在打火器中，只有这两种金属的制品才称得上是贵金属器物。

有意思的是，中国的金器多是皇家专用，推崇用足金；而西方的金器并不限于王室使用，且出于结实耐用的考虑，极少有用纯金者，多是根据使用强度使用18K、14K、9K金。因此，贵金属打火机含金量的高低并不完全代表价值。

20世纪30年代英国产的一组结构相同、尺寸不同的银质台式打火机

四件不同品牌的金质打火机

登喜路 9K 金大号防风带表打火机

宽 4.1、高 4.9、厚 1.53 厘米，重 81 克

这是登喜路 1935 年生产制作销往美国的俗称“运动防风带表”的金质打火机，是最经典也最成功的机型。此机未被使用过，是当今打火机收藏家梦寐以求的机型，也属于博物馆级别的收藏品。

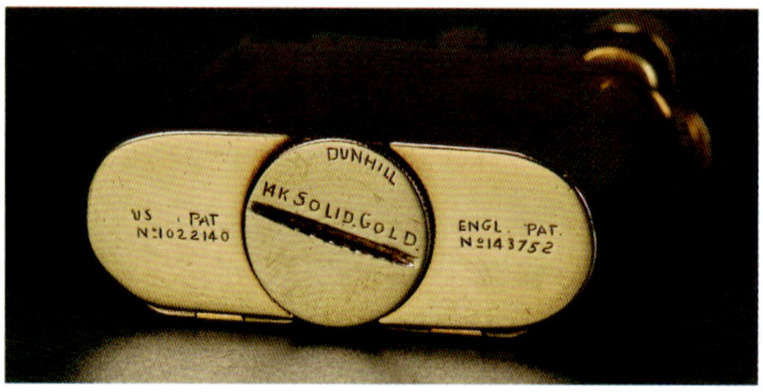

阿斯普雷 9K 金抽屉式带表打火机

宽 3.3、高 5.2、厚 1.05 厘米，重 70 克

这款 1934 年生产的抽屉式打火机设计极经典，有银质和金质之分，金质的带表，是制作数量极少的稀有品种。此机带原盒，几乎全新状态且完好保存至今，是可遇不可求的精品。

欧洲 20 世纪 20 到 30 年代各奢侈品牌制作的带表的金质打火机数量并不多，显然都是特供上流社会的。已发现的多只这类打火机做工精美，但所装的表的机芯品质却不高，包括卡地亚，也只用自家生产的普通机芯，阿斯普雷的这款带表特别版打火机装的是较高等级的机芯。

劳斯莱斯 9K 金打火机

宽 3.9、高 8.5 厘米，重 43 克

百多年来，世界上一些著名品牌曾以定制的方法，推出了各具特色有其品牌特征的金质打火机，其中一款备受瞩目，这就是劳斯莱斯的 9K 金打火机。

这款打火机是 1926 年劳斯莱斯公司委托登喜路公司以劳斯莱斯汽车的标志性水箱造型为元素设计制造的，仅供拥有劳斯莱斯汽车的车主定购，因订单少甚至往往是单只订单，所以制作主要采用手工打造，传世数量极少。但在 1932 年，有一只售予了当时一位极有人气的法国喜剧明星阿道夫·门吉欧（Adolphe Menjou, 1890—1963）。

经过时间的沉淀，当年的这款打火机被越来越多的人认为是一代经典，更是打火机和精致小型金器爱好者和收藏者的心爱之物。细细品赏，从诸多细节都能体会出此件金质小打火机制作之精细和讲究，令人爱不释手。

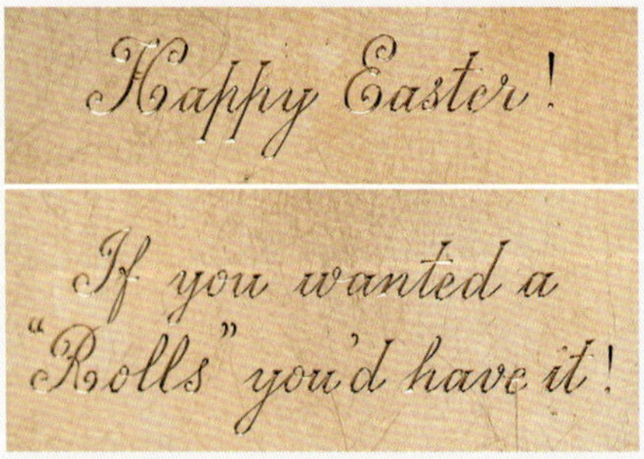

背面刻有花体字的“复活节愉快”“如果你想拥有劳斯莱斯，你已经有了”。显然，这是一位劳斯莱斯车主在复活节时送给朋友的礼物

劳斯莱斯的标识采用了填烧珐琅。据了解，在劳斯莱斯创始人之一亨利·罗伊斯（Henry Royce, 1863—1933）去世之前用红色珐琅，他去世之后的制品改为黑色珐琅

Happy Easter!
If you wanted a
"Rolls" you'd have it!

宝诗龙 18K 金太阳纹烟盒打火机套装

左：长 9、宽 7 厘米，重 150 克

右：长 5.6、宽 3.6 厘米，重 68 克

20 世纪 30—50 年代法国生产。在这里，我们又看到了“万照光芒”的图案，见本书 26 页。

阿斯普雷 9K 金超薄煤油打火机

宽 3.9、高 5.5 厘米，重 46 克

20 世纪 50 年代英国生产。此机厚度只有 7 毫米，是金质打火机中的经典名品。

登喜路 9K 金带表古董煤油打火机

1923 年生产。此器单搓轮，直抬臂，有灭火帽，素面，嵌装八角形表盘。这种直臂灭火帽的登喜路带表打火机比弯臂的稍早几年。登喜路的金质带表古董煤油打火机装饰形式很多，此机保存状态较好，带精美原盒，极为难得。

20 世纪初，欧洲开始出现并逐渐流行带表打火机。带有烟盒和表的金质打火机非常奢侈，比如登喜路公司曾推出过“Dunhill Compendium”系列。从传世实物可知，这类制品每件都不相同，均为手工制作。

20 世纪 30 年代末期美国生产，“金轮”铁皮镀铬带表打火机，价格低廉

20 世纪 40 年代德国生产，“科勒比”铜镀金带表打火机，也是大众化产品

1928 年英国生产，登喜路 14K 金大号带表打火机

1934 年卡地亚 18K 金带钻石、红宝石带表打火机

1932 年卡地亚 18K 金珐琅带表打火机

1926 年登喜路 9K 金“自动上弦”带表打火机（“自动上弦”指打一次火就能上一次弦）

登喜路 9K 金带烟盒带表多功能打火机（2 件）

上：宽 8.2、高 12.5 厘米，重 226 克

下：宽 8、高 15 厘米，重 157 克

1926 年设计制作。此件为带烟盒、表、小裁纸刀、自动铅笔的多功能打火机。登喜路公司的产品介绍中将这种打火机视为工艺水准达到最高峰的制品。

1926 年设计制作。此件为带烟盒和表的多功能打火机，烟盒内左上角有“Bando”（制作工坊）的签名标识。

夹层有一张薄象牙板，可作记事本，尤如一个精致的小文具箱

珐琅装饰的打火器

在金属器物上施珐琅是最讲究的装饰手法。传统的珐琅器使用高温明火（俗称“大明火”）烧造，烧成后表面形成高亮度、高硬度且极富质感的珐琅层，特别惹人喜爱。一般而言，金属胎珐琅器有三种做法，分别是錾胎珐琅（也叫填充珐琅）、掐丝珐琅和画珐琅。其中以画珐琅最为讲究，工艺最难。客观地讲，每一幅画珐琅就是一幅绘画作品，受所用原料和金属胎限制，实际制作比绘画要难，而且要经过一次甚至多次烧造，可以说，从事画珐琅的画师就是艺术家。因为每一件画珐琅器都是独一无二的，因此画珐琅器有了艺术品的属性。传世的实物证明，17 世纪是画珐琅工艺的巅峰时期，之后便一直在走下坡路。采用画珐琅装饰的打火器无疑是各种打火器中的极品，不过，相较于其他金属胎的珐琅器如手表、烟盒等器物，打火器上的画珐琅水准一般要差一些。

①

②

③

1920—1930 年登喜路各式珐琅打火机
① 银胎玑镂双色珐琅打火机
② 银胎鱼鳞纹蓝素珐琅打火机
③ 金胎莳绘带烟盒打火机套装

Dunhill

DUNHILL - LONDON - PARIS

FAB. SUISSE

18

现代打火机

现代打火机造型更夸张，外形更精美，做工更细腻，也大量使用了各种现代材料。虽有限量版，但多数仍是工业化流水线产品，手工作品越来越少。而所谓限量版，数量其实也很多，而且发售频次较高。更关键的是，在关键的技艺、技法上往往偷巧省工。例如珐琅工艺，由传统的高温明火烧造改成了树脂合成工艺，成本和技术要求大大降低，颜色虽仍然艳丽，但与明火烧造的珐琅有明显的质感差异。从设计角度来看，现代打火机与古典打火机本质的不同是现代打火机更多属于消费品范畴，较少有真正可以传世的精品。

大卫・朵夫雪茄烟专用打火机。这款打火机光鲜靓丽，几乎所有工艺都由精密机器加工，设计上也符合现代人的审美

21世纪设计制作的、有机械骨感美的打火机，俗称“朋克机”，是机械爱好者开动脑筋，自己动手制作的有独立观念的作品

题外话

为什么20世纪80年代之后很少出现值得玩味的经典打火器？原因我一直在思考，涉及的方面既广又深，其中有一点很重要。随着社会的发展和进步，人们对物质生活和精神生活都有了更高的追求，百姓不仅要过好日子，还要用好东西，但是地球和社会的资源根本支撑不了大规模、高品质的消耗，不能生产那么多奢侈品，而原先一些奢侈品公司和著名厂商为了生存和迎合市场，只得把节约成本放在第一位，做外表光鲜、能让消费者充面子的产品。所以，像200年前欧洲集全世界资源为极少数皇家和贵族不计工本打造真正精品的制作模式，如今已经没有了。不过，从社会进步的角度讲，这个结果我们应该接受。

论取火的方法与技术以及打火器的收藏与研究[①]

我想先从人类用火的历史和用火的意义讲起，进而引申到用火过程中出现的技术方法和相关器物及其发展。

我觉得有必要花点时间先说个有趣的事，不知道现在的教科书如何讲解人类是怎样从动物进化来的。60年前，老师告诉小学生，人类勤劳会劳动，动物不会劳动，是因为勤劳和劳动促进了人类的进化。其实，学会用火是动物进化为人的最本质原因。没有任何动物会用火，动物一看见火就跑。进一步说，火对人类进化发展的作用，比后来人类所取得的任何一项成就都要大。对比之下，机械化、电气化、信息化，包括现在的人工智能，都是锦上添花。火使人类吃上了熟食，也促进了其进化，熟肉更容易消化，更多的营养摄入也使人越来越聪明。

说到人类用火的历史，最早是使用和留存天然火种。留存火种其实很难，北方的老人们都知道，早些年用蜂窝煤炉，让它一晚上不灭并不容易。可想而知，更早的时候留存火种实在不是易事。直到最近200年，人类才逐渐找到了方便取火、安全用火的方法（图1）。

图1　1840年俄罗斯生产的火绒火折子。火折子可以留存火种，200年前留存火种的工具已做得这么精美，而打火技术仍较原始

① 本文为作者2021年3月7日在清华大学科学史系打火器研讨会上所做的演讲，此处有删节。标题为编者所加。

现在我手上拿的是 1919 年产于瑞士的特伦斯打火机（图 2）。这个打火机看上去挺简单，但是，以我的认知，它是人类首次真正做出的、理想的取火器，具有里程碑式的意义。打一下试试，非常方便，无论是用左手还是右手，只需轻轻一按就打着火了，而且火焰可控。说到这里，大家一定会产生一个疑问：1919 年，飞机都上天飞得很好了，电影、录音机、照相机也都有了，怎么打火机到这时候才成熟呢？首先必须要说明，1919 年这个时间点是我根据多年来见到的各类打火器实物自己推断的。目前在科学界和文史界对打火机的断代似乎没有定论。也就是说，这个观点来自我多年收藏的心得和经验。我发现直到 20 世纪初，才有正经八百的、有实用价值的打火机。在这之前也有各种打火方法，但都不成熟，用老北京话说叫“吭哧瘪肚”的，虽然能硬弄出火来，但都特别费劲。

图 2　1919 年瑞士生产的特伦斯打火机

打出火还算容易，控制好火可就更难了。为什么那么难？就因为火是“活”的，闹不好着大了会烧人。玩过早期磷火柴的人，包括我自己，没有没挨过火烧的，都知道被烧伤有多难受。

可以肯定地说，我们现代人能想到的、各种各样的物理和化学的打火方法，甚至包括歪门邪道的方法，前人早都试验过了也玩儿透了，但除了火柴和打火机，那些方法都被淘汰了。

图 3　宋元时期的青铜火镰柄，打火条丢失

下面，我把我了解的几百年来人们绞尽脑汁想出的一些打火方法和相对比较成熟的几种技术介绍一下。虽然它们大部分后来也被淘汰了，但当你明白它们为什么被淘汰，也就能明白取火为什么这么难了。

第一个是全世界很早就通用的火镰。实际上，火镰就是一个铁条，用它撞击一块包裹火绒的硬石头（燧石），撞出的火星会点燃火绒棉；这时人再鼓着腮帮子用力吹，最后就能燃出明火。最早的火镰是什么时候出现的已不可考，只能说应该相当早（图 3）。20 世纪 70 年代我在河北农村插队的时候，当地人仍普遍使用火镰。火镰很不好用，但它可靠，而且那时的确没有更好的取火办法（图 4）。

图 4　20 世纪六七十年代，中国江南地区涂有红色油漆的铁皮火镰

有意思的是，虽然火镰已经淡出了人们日常生活的视线，但在野外探险和极限生存中，火镰仍是最适合的取火工具。刀子和火镰是登山包里必不可少的器物。原因很简单，现代的取火器虽然使用方便，但在非正常环境下，其稳定性和可靠性会受各种因素影响。环境越恶劣，这种原始打火方法的可靠性便越能凸显（图 5）。据攀登过珠穆朗玛峰的朋友告知，在 4500 米以上的高海拔地区，由于环境缺氧，一般的煤油打火机根本打不着火，所以高原探险者也会使用火镰。

图 5　由高速钢制作的现代火镰。长 7.6 厘米。此件钢火镰是用电脑制图后由数控机床切割加工制作的，既有古人意趣，也有时代感。也许，火镰这种原始的取火工具会伴随人类一直走下去

第二个是火柴。其实中国在南北朝时期就有使用火寸（火柴）的记载，但我手中没有实物。我带来了 30 个不同的出自欧洲的火柴盒（图 6），它们大多生产于约 120 年前。那时欧洲已使用商品化的磷火柴。磷火柴的优点是易点燃，麻烦的是非常容易自燃，有时还会烧到人，几乎是没法用。

图 6　19 世纪各种图案的银质、金质或包金火柴盒

我带来的这些火柴盒子，里面全都有被烧过的痕迹，也就是说放置其中的磷火柴都自燃过。

怎么辨认这种早期的磷火柴盒呢？它们上面都有一排小搓板，可称“摩擦台阶”，是摩擦火柴用的（图 7）。但其实有没有“摩擦台阶”都无所谓，因为磷火柴在哪儿蹭一下都能着。更要命的是，磷是有毒物质，燃烧时冒的烟对人体有害。早期的磷火柴，甭管是白磷、黄磷或红磷，都有毒。

图 7　1908 年俄罗斯 HW 工坊工匠制作的、带火柴盒的银镀金烟盒

一直到了 1935 年，真正安全的火柴才出现，直到现在我们还在使用，但安全火柴在使用时仍然存在一个问题，就是不防风。一般来说，打火机是可以防风的，还有专门的运动防风打火机（图 8），就算是在行驶中的火车上挨着打开的窗户都能打着火。同样的场合如果拿火柴点火，能点燃那本事可太大了。还有一点，火柴怕潮，不防水，而打火机掉到水里，只要不是时间太久或水太深，捞出来甩几下还可以使用。所以，严格地说，火柴也并不是理想的取火工具。

图 8　1930 年制作的卡地亚 18K 金运动防风打火机

第三个是我拿来的这个玩意儿，叫火石杆火绒机（图 9）。它出现的时间是 1880 年前后，可以看作打火机的前身。它的缺点在于要用两只手操作，有点费劲，还得吹气，不吹就着不起来。为什么呢？因为火绒线要硝化，但硝放多了会爆炸，就跟放二踢脚一样从前边就蹿出去了，放少了又出不了明火，得使劲儿用嘴吹。我拿的这件做工非常精致，现代工匠都未必能做得更好，但仍解决不了简便打火的问题。

第四个最有意思，是一件 1900 年美国制造的火炮机。为了方便取火，人们真是什么歪招邪招都想了。你听它打一下火的声音，就犹如摔了一个砸炮。这是为什么呢？是人们把雷管的原理用在了打火器上。雷管不是一崩就炸吗？炸了就出火了。它是能打出火来，但这动静也太大了，所以，我觉得它不应叫打火机，应该叫火炮机或砸炮机，最后它也

图 9　火石杆火绒机

成了玩具，退出了历史舞台（图 10）。

第五个是万次火柴（图 11）。我给大家演示一下。这种火柴最麻烦的是要用双手使劲打才能打着，到 20 世纪 30 年代，它也没有了市场，渐渐退出了历史舞台。

我刚才讲的几件取火器——磷火柴、火绒机、火炮机和万次火柴，都曾流行一时，但最终都被淘汰。

总之，人类前前后后折腾了这么多年，也没找出什么好的取火方法。直到 19 世纪末 20 世纪初，才有了两种技术基本成熟的取火用具。一是早期的打火机，就是用一个金属搓轮摩擦火石生火；二是化学家通过实验，从安全和无毒两方面改进的无磷火柴。从上述两方面改进火柴太难了。到 1935 年才勉强制成了俗称的“安全火柴”。但火柴仍然不是理想的取火用具，它们怕受潮，携带仍有安全隐患。所以理想的取火工具就剩下了金属搓轮摩擦火石的打火机。其原理说起来好像特容易，你看这火石杆，结构很简单，好像自己都能做，但试试就知道这个过程有多难。从我收藏的这几十个火柴盒可以看出，盒上的搓板从粗到细，反映了火柴不断改进和完善的过程。因为欧洲对金银器有严格的标识规定，金器和银器必须打金标和银标，因此现在我们对照资料一查，就知道这件东西是哪年做的、哪个国家做的、谁做的。

图 10　1895 年美国制造的稀有款火炮纸煤油火炮机。使用极特殊的摇杆打火方式，通过油仓盖顶端击针撞击火炮纸点火

图 11　19 世纪德国制造的纯银万次火柴

我们说这件特伦斯打火机是一个里程碑，是因为它具备了这几个特点：第一，单手不用多大劲儿就可以打火，而且左右手都可以；第二，运动防风，转着圈也能打着火，遇大风还不会被吹灭；第三，安全性好，它能够长期放在口袋里或其他地方，不会自燃，注一次油可以打 200~300 次火，而且无毒。在此基础上，打火机越来越完善，如“喷火龙”（图 12）在短时间内可喷出近 10 厘米长的火苗。这种打火机在打火方式上已完全成熟了。

图 12　1930 年美国产打火机，俗称“喷火龙”

也就是说，到了 1919 年，我们总算有了一款理想的打火工具。

首先应该说明，叫“打火”并不严谨，严格讲应该叫“取火”，不过今天是一个讨论会，不用那么较真儿，如果都严格叫“取火机”，反而让人觉得怪异。当然，以后要是做学术研究，还是应该起一个准确的学术名称，鉴于目前没有这个标准，下面我仍然叫它们打火器和打火机。

我分成中国和海外两个部分介绍，它们走的是完全不同的路线，中国打火器只有火镰（图 13、图 14），起源于何时何地，尚不知晓。我拿的这件火镰从铁锈的包浆看，应该有一定年代，但是确切年代仅靠目视说不准。这种东西在历史上非常多，因为各个家庭都要用，一般家庭用的火镰都很简易，往往就是一个铁条。这件火镰有个名字，叫紧箍圈式铁火镰（图 15），你看上面那两个手把像不像孙悟空脑袋上的紧箍圈儿？这是平民用的最简单的火镰，贵族和皇家的火镰就非常讲究了。中国的火镰因地域和民族不同而有不同风格，大致可分为汉式、蒙式、藏式，汉式的还分不同地区。中国火镰的发展主要体现在装饰上，有些达到了艺术品的水准，但在功能上一直没什么改进，就算是身为帝王，也甭管用多讲究、多昂贵的火镰，打火都得弯下身子，用两只手使劲搓打，再鼓起腮帮子费力吹才行，当然，一般来说皇帝也用不着自己去打火。所以，中国火镰的价值主要在其工艺和装饰艺术。

图 13　此件火镰造型设计称得上是一件艺术品

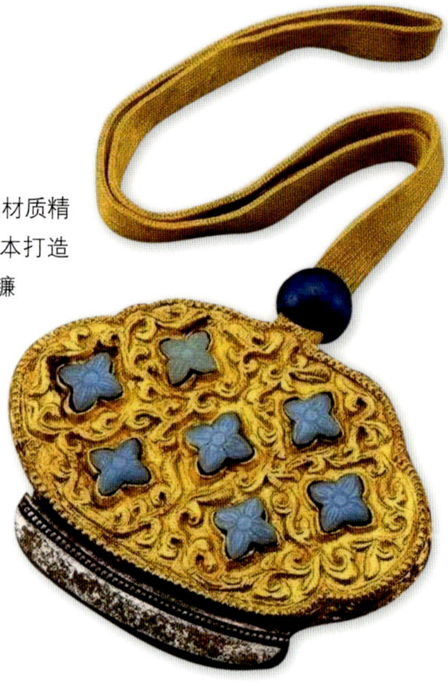

图 14　用贵金属材质精心设计，不计工本打造的清乾隆官造火镰

图 15　紧箍圈式铁火镰

说西方的打火机之前我先说一件有意思的事。我有一些收藏圈的朋友，分别收藏了几类我也很喜欢的东西：一是摄影器材，包括莱卡相机、瑞士仙娜相机；二是钟表，包括古代的钟和怀表；三是音响器材。他们知道我琢磨打火机，都很不解，说这么简单的东西，有什么可藏可玩的。很多人都有这种想法，觉得打火器太普通了。确实，从数量上看，它非常多，毕竟每个家庭都要用。从品种上看，欧洲和美国做的这些打火机，如果想收集齐了，恐怕得有上万种。人们觉得这东西太普通、太多，有什么意思呢？其实，正因为有这么多实物，融入了人们无穷的智慧，才更有研究和琢磨的乐趣。

摄影器材如莱卡相机，把光、电和机械完美地结合起来，确实很复杂。又如钟表，故宫博物院收藏的乾隆时期西方进贡的钟，正点报时的时候还能走出个小人，捧一幅“万寿无疆”，再走回去，人们觉得这个不得了。怀表更不用说了，那么小的空间内装进那么多零件，功能多，自鸣三问、万年历，把人唬得一愣一愣的。相比之下，很多人认为打火机太简单了，这是因为他们没有真的玩过打火机，对它的认识不足。打火机的结构看似简单，其精妙之处在于机巧，如果你没亲自动手拆装过几件打火机，就没法理解。（图 16）

从创造性上讲，打火机达到的高度，一点儿不比前面那三类机械产品差，稍后我会结合实例来具体讲解。

下面我想谈谈在这个领域可以开展的研究和探索工作。

我们对人类历史发展的很多领域都有不少研究和总结，可关于取火用具，无论是对其演变发展过程还是对其具体细节的研究，都可以说是凤毛麟角。西方也是如此，他们花了大功夫研发出这么多的精美打火器，但关于打火器和打火机的书籍和论文也很少，这么多年我淘到的外文版有关打火器的杂志、图录有十几本，但多是收藏指南，大多还以厂家的商业性介绍为主，除了有个博物馆出

图 16　查尔斯（Charles）打火机。一般的打火机在使用中存在一个问题：火石是固定在火石仓里的，而搓轮是圆的，用一段时间就会磨斜了，用到最后火石快磨光了，会被卡住。查尔斯打火机在此动了心思，设计了旋转的火石仓，里边火石就如转笔刀削铅笔一样，均匀地摩擦打火

了一本收藏目录外，至今未见比较有意义、深入的研究著录（图 17）。

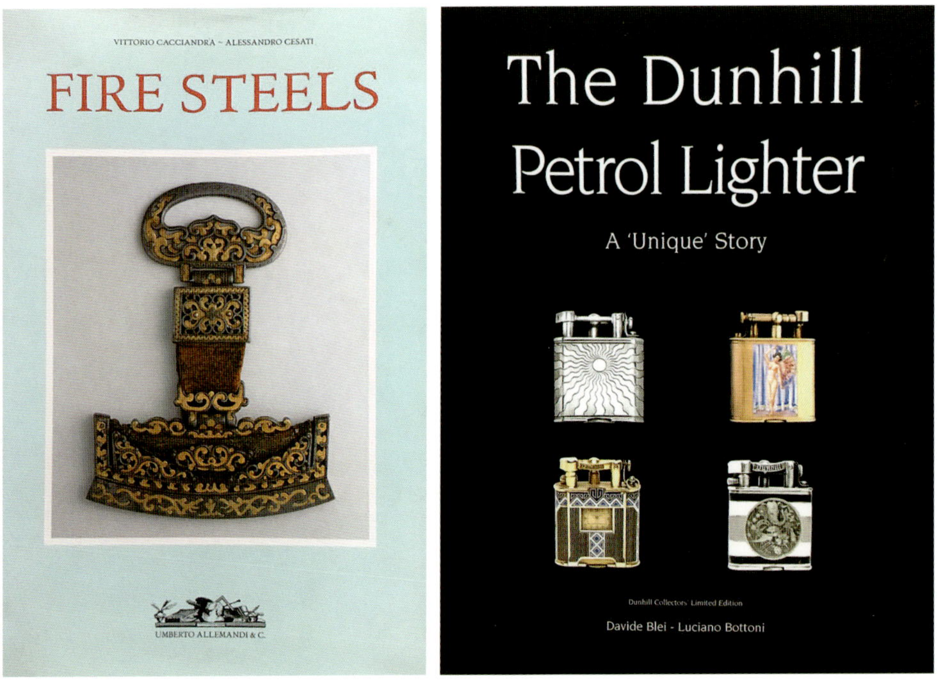

图 17 左上：《火镰》一书收录了很多精美的打火器，是一本非常有价值的关于打火器的著作
右上：迄今为止最严肃的一本登喜路打火机收藏宝典

关于打火器的研究，我认为有八个课题比较有意义，其中每个都还可以引申出更多可以探索的方向。

第一是打火器的历史。可大体分成两个时间段：一是 600 年前到 200 年前，这一时期主要涉及中国和外国火镰的演变过程；二是近 200 年以来，这里面内容很丰富。

第二是从艺术史角度研究。这又可以分为中国和外国两个方向，中国火镰的发展与中国一些类别的工艺品、实用品在乾隆年间达到最高制作水准的规律相契合；而西方，主要是欧洲，因为对外掠夺和社会风气的影响，打火机越来越豪华且具有赏玩性。打火机装饰艺术从早期追求繁复、珠宝化，到后来追捧 Art Deco 风格、几何美，最后发展至极简，靠贵重材质和精细工艺来体现质感（图 18、19）。

图 18　19 世纪中期美国埃文斯铜镀金女式便携打火机及多功能手提盒。这类金灿灿的箱包式打火机原本是欧洲早期上流王室贵族的佩饰，多是极精美的实金名牌制品。后来，美国采用钢镀金的方式大批量、低价格制造发行，满足了平民爱慕虚荣的撑面子心理

图 19　20 世纪初西班牙银套雕花抬臂式打火机

第三是工艺和技法，也是我最喜欢的。打火机工艺涉及二十几个门类（如图 20 展示的铁错金和铁鋄金工艺），其中我最感兴趣的是珐琅工艺（图 21），自己也很希望能在这方面做一点研究工作。

图 20　在打铁条上错金的中国火镰，详细介绍见本书第 103 页“藏式火镰”

制作于 20 世纪初期，正面图案是典型的西班牙风格，但看工艺手法应是一件日本制品。相比之下，欧洲制作的铁鋄金器物工艺没有这么工整，但图案更活跃，艺术感更强。一般而言，从制作工艺来判定产地比依据图案判定要更加准确

欧洲的铁鋄金风格，详见本书第 17 页

图 21　玑镂纹底柠檬黄透明高温珐琅银镏金烟盒

这件打火机上的珐琅画是一个芭蕾舞场景（图22），画工水平一般，并不出彩，但用纯金画了一些细金圆圈，熠熠生辉。这在业界有“点金珐琅”之说，有如交响乐中竖琴的应用——作曲家往往在适当的时候让竖琴来一段清脆明亮的拨弦，使音乐活跃起来，更加动人心弦。

原实物尺寸

图22　放大几倍的微绘珐琅打火机局部

编织技艺也被用到了打火器上。这件竹编烟盒（图 23）重 42 克，是 20 世纪前的制品，产地待考。它充分体现了低调的奢华，由直径小于 0.5 毫米的竹丝手工编制，编制手法非常严谨老练，显然出自竹编高手。编织成烟盒以后，浸黑漆数遍，待干透后再用刻刀割出菱形图案，最后满髹金漆。制作这件器物不仅需要高超的技术，而且耗时，至少要一个多月才能完成。这件烟盒历经百年，外壳表面的金漆已基本磨掉，沟槽里还有一些残存。整件器物有古朴润泽的包浆，使用到现在，达到了其最美的状态。

图 23　竹编烟盒

我很早以前看过故宫博物院藏的象牙编织席，后来修复古典家具和制作新家具时，需要编藤席，于是培养了两位藤编高手。在江苏省工艺美术大师耿月新先生的帮助下，我们编制藤席的水准，超过了故宫现存的、当时广东进贡给雍正皇帝的象牙编织席。我没有编织过竹器，但见过众多宫廷竹编精品，深知竹编之难，所以见到这件烟盒立刻就被吸引住了。这才是真正的好烟盒，比起四棱八角的金属烟盒，它是柔软的，装在兜里不晃荡、不扎人，而且通风，更利于烟的保存。

下面几件器物（图 24—27）都是采用金属编织工艺制作的。其中铂金、黄金加钻石镶珐琅的烟盒采用了纯手工编织工艺，制作年代较早，在 1925 年前后（图 23）。另一件素编织的烟盒是著名珠宝品牌梵克雅宝在 20 世纪 70 年代的制品（图 27），和中国的竹编和藤编技法基本一致。

西方的金属编织走过了一条从纯手工到半手工半机器再到基本由机器工业化编织的道路。可以说，早期的编织工艺品比晚期的价值要高很多，因为手编的技术要求高，纯手工编织的器物也有一种自然的美感。

图 24　钻石家族徽烟盒，黄金和铂金纯手工编织，珐琅收边

图 25　三件有金质编织外套的打火机

图 26　不同的金编织图案

图 27　梵克雅宝素编织金烟盒

第四个研究方向是工业造型和艺术设计。有些老打火机的古典设计有种特殊的魅力，除了满足使用功能外，让人爱不释手。相比之下，现代打火机的设计有不小差距，主要在于耐看度。现代打火机的设计和工艺往往让人第一眼感到惊艳，但经不住玩味，越看越没劲。这种情况，不仅在打火机，在相机等很多器物设计上都存在。研究老物件对现在的设计会有所启发，这也是一个很重要的课题。（图 28、29）

第五个是商业案例研究。打火机创造了一个商业和经济奇迹——Zippo（图 30）。其实我不收藏 Zippo 打火机，只有手里拿的这一件。它创造的奇迹是，用最简易的制造方法生产出百姓都能买得起、使用也还说得过去的打火机。它的基础机芯被设计成可通用的，可以承载各种形式的装饰，任何人都可以发挥想象力。这种有着无穷艺术风格的打火机，在产品设计和商业运作层面都给人以启发，是一类特殊的产品，单独做研究很有意义。

图 28　此为著名品牌都彭的台式打火机，从左到右为 1930 年银质打火机、1990 年红漆打火机、2020 年软珐琅打火机。对比可见，在近一个世纪的时间里，其经典造型基本未变

图 29　1930 年英国科乐比（Colibri）非常成功的设计，在国内被称为“一脚蹬”，实用美观

图 30　现代采用纯手工剔刻工艺制作的 Zippo 打火机

第六个研究方向侧重于理论，涉及打火机的机械结构和设计理念、设计技巧。20 世纪，西方生产的打火机有很多结构复杂的机型，这个特点我在其他类似的工业化产品上没有发现。W12 缸汽车发动机、精密的芯片、万年历机械手表等机械制品的结构都很复杂，各有各的特殊性，但都和打火机不一样，打火机的特点在于机巧。

第七个是特殊的战壕打火机。它是战争时期人们在战壕里创造的一种艺术形式，体现了特殊境况中人类的情感和思想，特别值得深思。

第八也涉及思想，更深刻一点儿，中国人在火镰的装饰艺术方面下了很多功夫，但是对近代打火机发展的贡献几乎为零。在打火机研制方面，如果按照贡献大小排序，依次应该是英国、奥地利、法国、瑞士、德国、美国。除了这六个国家，西班牙、墨西哥等一些欧美国家也有贡献。比较有趣的是，不同国家、不同民族会利用自身的特长来完善各类打火器。所以严格来讲，打火器也是多民族智慧的结晶。但为什么中国没有参与进来？我一直在思索，有了一些想法，可能与以下两方面因素有关。

一方面是对物质的态度。征服意识是融在西方人骨子里的，对待事和物的态度也如此。比如说对木材，欧洲人对木材的使用一直秉承着征服的思想和方式，木材最大的麻烦是变形，最早不让木材变形的方法就是用钉子和金属箍圈去限制木材，可这招根本不管用。后来，欧洲人发现了木材的另一个特性，就是横向形变要大于纵向形变，便将木材削成薄片，采用横竖不同的分层排列方式制造出了三合板或者五合板，利用木材本身的形变能力使其自我约束。虽然最初效果不错，但是胶合板从制造之初，木材之间横纵木片因缩胀的系数不同，就已开始相互较劲，一段时间以后，三合板或者五合板就会开胶。这也是三合板的使用时限超不过几十年的原因。再后来，欧洲人又采用高压灌注方式，将木材内的管孔压满树脂类物质，但这样的木材已经没有了本身所具有的特征，是死木。西方这种强硬的征服精神在木材加工方面是彻底失败了。

中国人在木材的使用上遵循天人合一的思想，不是强行去约束、征服木材的性质，而是顺势而为，摸清每一种木材的脾气。中国的细木工对待木头就像对待人一样，根据不同的性格脾气采取不同的措施。例如紫檀和黄花梨家具被认为难伺候、脾气大，就像在说一个人的脾气和秉性，这样把木材给玩儿透了。再结合榫卯，给木材本身的变化留出了足够的空间。仔细观察中国的斗拱，就会明白为什么一个斗拱要做那么多的分层处理。中国木建筑、木家具虽然不使用一颗钉子，但是整体结构科学，顺应事物本身的发展规律，完好保存下来的唐代古建筑仍然可以使用。我很幸运，我喜欢中国木器家具，会做细木工活儿，领略和享受了中国古人木材加工技术中的思想、哲理和制作乐趣。

另一方面，客观地说，中国文化在传播上有个缺陷，就是圈子文化。历来文人雅士清高孤傲，自我封闭，把高雅玩到了天上，普罗大众接触不到。中国历代的知识精英阶层有非常好的审美品位，但仅在小圈子里交流。我接触过的一些老一辈精英文化人士，仍然是一个相当封闭的小圈子。以居住环境和室内陈设为例，从传世的宋、元、明版古籍、插图、版画上，可以看到历史上中国文人的居住审美品位之高、生活环境之雅，堪称极致。可惜这些没有影响到社会其他阶层。现在唐人街的商铺会所和大多数中餐馆，从建筑到室内陈列都俗得没法看。我研究古家具多年，中国古代家具数量很多，各地有不同的流派，每个流派都制作了大量家具，但绝大多数相当粗俗，仅为满足使用功能。真正能够代表中国文化精粹、无论设计还是制作都极其精美的家具数量极少，如著名的明式家具。汉文化的各个领域几乎都有圈子文化。以收藏而论，无论是绘画、玉器、古籍的鉴赏，还是古琴的欣赏，都是一小群人。各个领域的顶尖精英在这类圈子里一代代维系着细若游丝的传承。我认为，圈子文化是阻碍中国文化和技术发展的一个重要因素。这么多年来，我也见过一些高人、神人、奇人，发现一个现象，越是高人、神人，越不愿意露面，他们往往藏得深深的、躲得远远的，研究和成果仅限于自己圈子内。外人想要走进这样的圈子，所付出的努力是难以想象的。

最后，我想说说打火器的收藏。书画、陶瓷、青铜器是人类艺术的精华，但一般人根本无法问津，且收藏讲机缘，有些东西过了某个时段，再见都难了。以书画为例，我记得40年前和荣宝斋的萨本介先生聊天，他曾说："手里要是没有十张八张的宋元绘画精品就敢叫收藏古画，别丢脸了。"按这个标准，当今几乎没人能称为中国古代书画收藏家了，因为再有钱也没地方买。我30岁时正值中国的一段特殊时期，明清家具比电镀腿椅子都便宜，尤其是退还"文化大革命"时抄家抄来的家具，因为只退家具不退房，退回的家具没地方放，三轮车拉着满街转找地方卖，连旧货店都不待见。在那个时期，我收藏了一些不错的家具，因为我会木工，可以拆散了放在床底下。后来，我又在这个领域进行研究和推动。到了20世纪90年代，明清家具的价值被世人认知，成了主流艺术品，身价倍增，我就没有能力再去收藏了。王世襄先生在20世纪90年代之后也没再收藏到真正好的明式家具。不过，我们都很高兴，我们的工作推动了这个领域被世人重视，我们做出了贡献。

能发现还未被认知的好题材，跑在前面，再通过收藏对其进行开创性的研究，建立新学科，这是收藏的最高境界。从这个角度讲，收藏的品类不分高下。打火器的研究和收藏属于超级冷门，这么多年来，找不到多少同好，可这类器物在我心中的地位很高。虽然打火器较小，年代相对不算久远，但它们携带了太多对今人有启发的信息，有些打火器更是绝精的工艺品甚至艺术品。多年的收藏实践证明，打火器的收藏难度其实高于书画、陶瓷、木器和文玩等传统收藏大类。传世的打火器中，精品的数量更是远远少于以上几大类古玩中的精品。收藏这类器物因为涉及中西方的技术、工艺、科学，所需的知识储备、鉴赏能力更大更高，这是一个生、冷、狭的新领域，专家、行家、同好少，难以切磋交流，极考验收藏者的眼力和魄力。不要小看这些小东西，有句话说得好："没有小角色，只有小演员。"

打火器收藏折射出历史上贵族与平民、东方与西方文化的差异[①]

人类用火的历史，可追溯至几十万上百万年以前，但是对打火工具的实物研究，却非常少。田家青著《取火：打火的历史和文化》（繁体字版，2021 年香港三联出版）是学术界首部系统梳理打火历史与文化的专著。

不同于在既有的领域延伸开拓，田家青对打火器的研究开启了一个新的领域。打火器虽然是人人司空见惯的物品，但是在收藏领域和科研领域，却是冷门并被忽视的研究对象。例如，在收藏1850 年前后开始盛行的万次火柴时，田家青发现了一个现象：“万次火柴流行的时期正好是鼻烟流行的时期，两者在古玩杂项中的身价却有天壤之别。事实上，精美的银胎画珐琅万次火柴，工艺水准和制作年代均不输鼻烟壶，而且传世数量更少。”

《取火：打火的历史和文化》选取了近 300 件具有代表性的打火器，其中大多为田家青收藏。研究它们是一个从零到一的过程。田家青在动手能力方面有天赋，扎实的理科基础和艺术鉴赏的多元思维令他的研究不随大流，多为独家，根据自己的知识系统开启一扇陌生的大门。

本书最大的亮点在于进入打火器这一领域的拓荒工作，对这些器物细致考察鉴定，奠定打火器研究的框架：分类、断代、提出问题，并分享自己在研究过程中闪现的思考。田家青的收藏行为也证明，有自己主见的系统收藏，能超越价值和赏物的范畴，保留一份新的珍贵历史资料。

根据收藏的实物和资料，田家青对打火器进行分类并考察其可能出现的年代，理出发展脉络：火镰、磷火柴、万次火柴、火炮机、火绒机、战壕打火机、“一战”之后的成熟发展期、“二战”之后的黄金年代。其中，对于中国的火镰，按照结构、材质，再进一步按照民族和历史时期分类，将火镰分为铁条式、带镰包式、汉式、蒙式、藏式和清代宫廷火镰；对西方打火器，考虑到年代，没有按照传统的煤油机和气体机的分类方法，而从工艺和艺术角度分为古典式与现代式。

---

① 本文为 2022 年 4 月澎湃新闻发布的专访文章，作者傅婷婷。此处有删节。

在断代上，田家青说，因为他没有见到墓葬中出土的打火器，也没见到镌刻铭文，因此以器物的造型、材质、结构、工艺特征进行衡量。他坦言，这种断代“具有一定的主观性”，但是差距不会太大，也有待后来者进一步研究。

在这本书中，田家青提出了打火器领域很多有探讨价值的话题，比如，直至19世纪30年代末，打火技术的发展为何仍然远远不如摄影术、声音记录、电力应用。书中还有很多作者有价值的思考，包括从小小打火器看出的东方和西方文化上的区别。比如，西方早年生产的打火器，往往有签名窗，体现了设计的人性化和对私有财产权的重视；西方独立制作工坊的“皇家御用”不同于中国皇帝的专属使用权，前者表明王室喜欢这个品牌，“并不意味着不能给别人设计制作优等产品，反而谁出的钱多，谁拿到的东西更精美”。

田家青先生收藏打火器40年，这是他首次接受采访，聊他关于打火器的收藏与思考。

一、打火器收藏：给历史保留一份东西

问：您从何时开始收藏打火器？分别在什么地方找到的？

答：已经有40多年了。途径有很多，以前的地摊、古玩市场，各地的跳蚤市场、二手店，还有同好和朋友的帮助，和他们交换。年头长了，亲朋好友都知道我有这个爱好，他们见到了也会告诉我或送我。一直以来，人们都没有把这些当成什么重要的东西，我成功的重要因素是长年的始终如一的坚持。

问：在您看来，“取火”这一话题为何甚少被关注？比如，您提到对于中国火镰的研究目前基本是空白，更没有分类先例。

答：这事到现在我也特别不明白。前些年，我和几位科学技术史和艺术史的学者交流，我说人类目前没有一本书总结过打火器，他们都不相信。他们有强大的搜索能力，一两个星期后惊讶地告诉我，打火器确实到现在没有一本像样的著作，虽有文章、片段的介绍、打火器厂家的广告、少量收藏家做的目录，但没有一本能称得上有学术历史研究视角的专著。

有人觉得新鲜有意思，问我怎么想到在这个领域发力。我觉得人能从动物变成智人，取火起到了决定性作用，能研究总结太重要了，所以我踏踏实实走自己的路，钻进去发现了一个广阔天地。我这东西（打火器）当时不值钱，直到现在也没有多少人理解和认识，可一旦成为系列之后它会有历史价值，我觉得这是很重要的一项贡献，有种神圣感。

为什么人类都用的这么重要的东西，没人系统研究？现在让我开启了这么一个新领域。

当年我研究清代家具的时候，一对电镀腿椅子可以换一件紫檀家具，人家要电镀腿椅子，不要紫檀家具。现在，清代家具一个宝座价格上千万元，大家都认识到了价值。

问：可能因为研究打火器需要考古、物理、化学、历史、艺术等多领域交叉的知识背景，才能真正进入这个话题，而有这些条件的人本来就很少，且未必深入到这个领域来。

答：你说得非常对，火镰虽小，但是它涉及历史、艺术、工艺、科技、精密机械、化工等领域，还要有西方语言的阅读理解能力，不仅限于文科或理科，比瓷器、绘画涉及的面儿宽太多了，研究有难度。取火难度之大，难以想象，比如书中提到白磷火柴，怎么让火柴既能打火又没有毒，研究

过程相当艰辛。当发动机、摄像技术、录音技术都获得新发展时，打火技术还很原始。现在人们买一个几块钱的打火机就很好用，但我们不应不知道这是人类上万年的战果。

我对收藏好像有天生的情结，这么多年来涉猎的收藏品种，除了家具、打火器之外，还有十几个类别，而且这几类器物之间没有太多的关联，甚至是风马牛不相及。

对做学问、做研究和收藏而言，一辈子从事一项工作、做一个课题研究、收藏一个门类品种，一心一意扎扎实实尽心竭力，从一而终，当然值得人尊重，我绝对没有反对意见，但是我也认为，如果同时涉猎不同领域，也有其特有优势，可以获得较广博的知识。其实，看似风马牛不相及的领域往往有共性，相互可以借鉴，对各种知识的交叉学习可以提高人的智力水平和综合判断能力。这么多年来，我们太注重于文科和理科的分隔，其实这对人的全面成长并不利，我前些年编写的《和古典音乐在一起的时光》一书中曾说："如果一个学音乐的学生学懂了微积分可以解偏微分方程，一个理工科的学生可以写出一部交响乐，这样的学生应该给双倍的奖学金。"这话说得有点极端，但这是我想说明一个观点：一个人同时能有较好的逻辑思维和形象思维加上肯下苦功夫，肯定能做出一些成绩。

事实也说明，有些科学技术发明的灵感有可能来自艺术，而有些艺术的创新灵感来自科学或技术。在这方面我有所体会，我设计的家具和一些器物十分特殊，明显和纯家具设计师或者雕塑设计家不一样，创新性业界公认，究其原因，我相信与我有好的理工基础和对古典音乐的理解有直接关系。前些年听说有德高望重的文博领域老先生津津乐道自己当年数学考不及格，还很自豪，我并不以为然。30 多年前，北京对所有从事高等教育和科研工作的人员有过一次考试，我的成绩是前几名，其中高等数学考了满分 120 分（其中 20 分是附加分）。对此我很自豪。数学使人有缜密的逻辑思维，对我终生从事各类研究都有巨大的帮助。

历史事实也证明确实有少数非常成功的收藏家，他们同时涉猎范围不仅多而且每项皆精。例如大家比较熟悉的王世襄先生，他收藏的明式家具既多且精，近百件，现陈列在上海博物馆的家具馆，全世界明式家具收藏第 1 号。除了家具之外，他还有其他七项不同类别的收藏，每项也都极为出彩。香港的著名收藏家叶义先生也从事多项收藏，他推动了当年人们还不熟悉的犀牛角器和竹刻艺术品为人所知，贡献被世人承认和尊敬。由此可见，终身只收藏一类藏品的未必能够真正做得好收藏，国内现今有一些挂着专项名头的"博物馆"，里边的器物几乎都是赝品。品种多的，并不一定就不行。

趁此机会，我倒是想表达一下我对收藏水准的认定标准。首先，收藏不分门类大小，就像戏剧、电影中没有小角色，只有小演员；其次，收藏也是有级别的，收藏级别的高低不取决于藏品的珍贵程度，而是取决于你对藏品的理解程度和对推动相关知识传播的贡献。

二、藏品故事与断代方式：眼光即价值

问：可否分享下您在收藏打火器过程中一些有趣的故事？就像您之前收藏一对清早期的百花窗格，做工细致，上百个花型几乎都不一样，可惜当时在旧家具堆里没人重视，您一眼认出来，买回去挂在家中。

答："感觉"是最重要的。"感觉"就是鉴赏力和感悟力，这是长年的用心和积累达到的。每一件来的东西，都有一个故事，都挺有意思的，但因为这是一个全新的领域，我没法跟人家交流。

七八年前，我在北京的古玩市场上看见一个铜鎏金的打火器，在几个市场流通了几年时间，还拍卖过两次。价钱特别怪，高不高，低不低。为什么？他们觉得工艺很好，价值很高，但是弄不清楚它是不是官造（皇家制造）。结果它当时的定价，如果不是官造，就显得贵，如果是官造，又太便宜了。就这么来回转悠，一来很多人不认可火镰的价值，二来它是不是官造，没有辅证。如果当时确定是官造，贵十倍也都早被人抢走了，我都买不到。

我第一眼看它的时候，"望气"感觉特别好，艺术水准很高，能收，而且是一个品种，隐约觉得它是官造，就买了回来。我没有捡漏的心态，只当它是一个做工很美的藏品。一段时间以后，我陆续买了几个跟它类似的东西，一对比，就确定它是原版官造。但之前没人明白，卖主也不明白。这是开创一个新事业的优点，打火器收藏是一个荒地，没什么人来。往往可较容易地收藏到很好而且很特殊的藏品。

问：您提到您对书中火镰的断代有主观性，您是如何断代的？

答：断代也特别有意思。因为是新的领域，没有人说过它们是什么年代的，总得有第一个人先说，否则永远没有标准。我根据望气、文物自有的特性，首先分类。对一类器物进行开拓性的研究，第一项工作就是分类。然后，以自己的综合知识从工艺、造型、结构、气韵等方面，考虑文物的年代，每一件定得准不准有待验证，我相信有对的，也有错的，但是差得不会很远，大家可以逐步去认识、研究。

收藏研究打火器的一大优点是，我涉足的时间早，那个年代没人作假。因为作假目的就是要赚钱，可他做一个花 50 块钱，才能卖 5 块钱，还很难卖出去，作假就没有意义，我没听说造假者中有"活雷锋"，所以早年想买假的、仿造的都买不到。

问：可否举个例子？比如这件镶嵌红珊瑚珠的大火镰，您如何判定它的年代。

答：和这个相类似的，故宫博物院有一个，四川博物院有一个，它是这么多年我在民间见到的唯一一个。这个火镰做到这么大个儿，红珊瑚珠用得这么好这么多，使用者的身份不是老百姓，老百姓用的火镰基本上就是一个铁条或铁片。见多了藏族的火镰，就会发现它和身份地位有关。这个火镰太大，其实不太好用，完全是一个身份象征。

从材料、工艺整体看，我觉得它应该是清晚期的。你看它材料的老旧程度、银饰的氧化和珊瑚自然磨损的程度；工艺精湛，錾花、锤揲工艺手法娴熟、一流。图案的花纹，那时候工匠凿出来的和后期工匠凿出来的有差别，看得多了就认出来了。至晚也是民国早期，不可能是民国以后的，总之是整体的感觉。

问：为什么不可能是再早一些的？

答：有可能到清中期，但不可能是康熙时候的，没有那么早。我个人认为清晚期的可能性大。书中对火镰年代的判定，只是一个范围。

中国的打火器一般没有年代标识，不像有些西方打火器，上面有明确的年代标识。

问：西方的打火器上有年代标识，是普遍都有还是一部分有？

答：欧洲国家用金银制作的打火器都有年代标识。他们必须拿到专业的地方打标，有系统，年代准确。很多欧洲早期金质火柴盒上每一个部件包括极小的都打上金标。咱们中国除了瓷器写年款，漆器有时候写年款，一般器物写年款的很少，当时大概没觉得这东西特别重要。只见过一个有年代的打火器，但没有放在书里，因为我觉得真伪还有待考察。

问：在您看来，打火器的实用价值和收藏价值两者是什么关系？

答：以往人们有一个认识：只能看不能用的东西，作为纯艺术，当成真正的艺术品。但如果一个器物，达到了很高的艺术水准，给人以艺术的享受，而且还有使用价值，从更宏观的角度看比纯艺术是不是更高呢？胶片时代照相机曾经有过超级的辉煌，其中一些东西并非都是机械化批量生产，有些是手工制作的，所以从艺术或科学技术史角度看，它们都有很重要的价值。

上世纪 90 年代大陆兴起了收藏风潮，玩收藏像任何一种行为一样，也有不同的水平或者说有不同的境界。我想了一下，似乎可以分为四个境界。

最低最差的是以“捡漏”的心态进入收藏领域。希望便宜捞到件古物一夜暴富，是买彩票的心态。我认为捡漏这种占人便宜的行为和心态就不好，即使不从道德上谴责，起码不应提倡。这是收藏最差的境界。其实捡漏哪那么容易，绝大多数人的捡漏不是掉到沟里就是踩上地雷，可惜这种收藏心态到现在还大行其道。

本世纪初收藏成了投资行为，从个人到机构，都把投资艺术品看成最好的投资方向，这是收藏的第二个境界。那时，以“艺术品投资”为主题的各种电视宣传栏目应运而生，充斥于收视率高的黄金时段，爆热了很多年。我感觉与其花这么多精力投资艺术品，不如直接去做金融。他们用金融投资的思维方式和方法去做收藏，典型手段是通过炒作、买断把某些门类的器物无边地炒上了天，不仅把艺术品市场搞得乌烟瘴气，参与炒作艺术品投资的机构和组织的结局似乎也不是很好。就像股票投资一样，七分人赔了钱，二分人不赔不赚，一分的人赚到了钱。不管怎么说，这也是很低的收藏境界。

第三个是值得提倡的、有较好收藏心境的境界，就是通过收藏学到知识，获得乐趣，因为是真心喜欢，所以要对藏品进行研究，做得较好的最后能够形成自己的、有体系的品类收藏。这个境界已经很高了。

收藏的第四个也是最高的境界——能够敏锐地发现历史上曾经辉煌过的但今人并不大理解和接受的、有潜在艺术和历史价值的器物，通过多年收藏研究，认真积累，最后形成一个系统的收藏体系并总结出有学术价值的研究成果公布于世，为完善和丰富人类艺术史做出贡献。这无疑是收藏的最高境界。达到这种境界的收藏有不少比较典型的例子，包括明清家具、竹刻艺术品等，其共同之处都是开创了新领域，并正确引导大家对陌生的古代器物进行研究，总结出的一些成果、思想对当今社会都有贡献。

三、物与历史：小器物折射出的科学和思想史

问：您在书中展示了一些“一战”战场上士兵制作的书本式战壕打火机，并提到将这些士兵们在战壕里制作的打火机与同时期沙皇让御用金工大师制作的珠宝级别打火机放在一起，会让人产生一种跨越时空的联想。您联想到了什么？

答：我早年不收藏西方的打火器，后来有一次出国，我买了两个小玩意儿，发现它们的机巧凝聚了人类的智慧。

比如“一战”时期沙皇让工匠做的珐琅打火器。当时，东线的沙皇俄国军队和德国、奥匈帝国军队打仗，俄国士兵是极苦的，粮饷等给养不够，国内也民不聊生。这种情况下，俄国的贵族还有心思做大明火珐琅的打火器，这么精美的、转着圈烧的珐琅工艺，法贝热做不过来，又把欧洲最好的工匠请过来做，这太离谱了。国家正处在战争状态，而且前线输得一塌糊涂，沙皇和贵族还有心玩珠宝似的打火器，真是荒唐透了。从这个小器物上就能理解后来为什么沙皇倒台了。这都不是贫富差距的问题了，是思想意识上的差距，反映了权贵阶层的贪婪本性。

问：您还提到，“这些打火器贯穿600年历史，不仅展示出人类取火的艰辛，也展示出人类文明发展的各个方面，包括科技发展、工业革命、艺术发展，往深点说，还涉及政治、思想、意识形态”，以这近300件藏品为依托，您从打火器收藏中感觉到东方和西方的哪些区别？

答：李约瑟之谜，在打火器这儿，又添了一个新的例证。我插队的时候，中国还在用火镰这种传统古老的东西。我在书中介绍了七个国家对火镰的重要贡献，中国人在火镰艺术方面下了很多功夫，但是对完成近代打火机发展的贡献应该说是零。

中国皇家使用火镰更注重身份地位，在材料装饰上很用心。其实生活中可能未必需要皇帝或皇族成员亲自去打火，帝王也没有想过这个怎么做工业化、怎么发展。西方打火器有一部分也是身份地位的象征，还有一部分从科学技术的角度发展成了更商业化的器物，开始大批量生产。两者思路不一样。打火器虽然小，但是机巧得让人吃惊。所以研究打火器比起研究瓷器、玉器，除了需要理工科知识背景，还需要比较好的英语。

问：再往下聊就涉及西方工业革命的历程了。

答：这一深说就得讨论三天，一晚上说不明白。

关于本书的三点说明

一、本书中对中国火镰和西方打火机的分类

对于中国火镰的研究目前基本是空白，更没有分类的先例。我在收藏过程中逐渐有了一些心得，也曾构想过几个方案，反复思索比较，最后按照结构做了分类，将火镰分为铁条式和带镰包式两大类，带镰包式又可按照材质再分，每一类还可以按不同民族和时期再细分。

西方打火机常以煤油机和气体机分类，这种方法没错，但两者重叠生产的时间长，而且现在煤油机还在生产。我把它们看作工艺品和艺术品，所以在书中按古典式和现代式进行划分。我把 1980 年作为古典打火机和现代打火机的分界线。这个时间点不敢说正确，但相信有其合理性。

二、本书中对火镰的断代

我未见古代遗留下来的、有确切年代的火镰标准器。发掘出土的、早期人类制造的打火器大都是燧石，就是两块坚硬的玛瑙之类的石头，依靠撞击石头表面引燃易燃物取火。这样的石头与出土的砍砸器十分相似，难以分辨。目前的看法是，采用硬度很高的石材（如燧石、玛瑙石、玉髓等）制造的、刃面一侧出现很多横向的且深浅不一的撞击摩擦条纹的石器，应为打火器。只有刃面的石块就归为砍砸器，石片归为切割或刮削器。

我相信我看到过的包括本书中收录的一些传世火镰中，有些是明代的或更早的器物，可惜没有证据确认。似未见到墓葬中出土过打火器，猜想是因为打火器属于日常用品，既不珍贵也不稀有，葬俗里陪葬物一般都是选有价值的，所以在选择陪葬物品时打火器就直接被剔除了。

打火器自古就是日常使用物品，少有镌刻铭文。没有铭文，仅靠制造工艺来给打火器断代，有主观性，想要定论实在是困难至极。严格讲，鉴定一件器物的年代，应该有科学严谨的鉴定方法以及全面客观的鉴定标准，能形成完整的证据链条，确定物品的真伪以及确切年份。对于有多个部件的器物，还应该对其所有部件进行测定，以判断历史上维修时是否有所更换。但这个方法对大多数传世古玩来说不现实，对火镰这种低价值的物品更不太可能。因此，本书判定火镰年代的方法是对器物的造型、材质、结构、工艺特征等进行全面衡量，具有一定主观性。目前我们对于火镰的认知尚有不足，也只能如此。书中标注的只是大致年代，以后我们见到和研究的火镰会越来越多，断代也会越来越精准。

写这本书的时候，我仿佛又回到了 30 多年前编著《清代家具》的日子，当时清代家具领域的研究也是空白。对书中收录的 150 多件家具，我根据其造型、材质、结构、工艺特征分成了四个制造阶段。几十年过去了，《清代家具》一书中所展示的家具至今未发现有大的断代错误。实践证明，这种方法有它的可行性，所以这次也采用这样的断代方法，望大家能够理解。

对于事物的认知是逐渐加深的，希望本书的出版能让大家对这类器物产生兴趣，发现更多的实物，期待在今后的研究中还能有不一样的打火器出现。随着研究的深入和更多实物的发现，两者可以相互印证，给出更科学严谨的分类和断代标准。

三、本书中对打火器的命名

在对书中每件打火器进行命名时，我遇到了挑战，因为就我所知，学术范围内对传世古器物的命名并没有国际统一的方式和标准，有些领域虽有相应的规范，但也没有形成标准。这次打火器涉及的是一个全新领域，而且它们来自世界各地。对于中国的火镰，我按照中国古玩和文物行业通用的方式，例如以“乾隆”“康熙”打头的命名，意指清三代宫廷造办处的官造器物。而书中其他打火器牵涉的面太广了，时间跨度大，很难有统一的命名方法，因此我就根据年代、产地、用料、品牌、特征等因素综合考虑，按其重要性排列组成名称，尽管看上去乱，但也是没有办法的方法。

在对打火器逐渐摸索研究的过程中，我越来越体会到这个课题的难度，主要是它涉及的知识面太广，一个人再有能力也免不了有知识盲区。所以，本书一定会有些错误，甚至硬伤，出版的主要目的是希望激起更多的人对这一课题产生兴趣，冀后人在此基础上进行完善。

本书所呈现的打火器图片大多数摄自我的个人藏品，还有些出自世界各大博物馆、收藏家，另有三幅难寻出处的网络图片。除了对两岸故宫的做了标注之外，其他的没有注明出处，不便之处，请读者予以谅解。

最后，借此机会向提供图片或拍摄帮助的火镰持有人表示感谢，向所有对本书写作和出版提供各种帮助的朋友们表示衷心的谢意！

后记

物我同修

50年前我落户农村时用过火镰，那时候供销社也卖火柴，但为了省钱，很多人都还用火镰。社员们用的火镰其实就是一个生了锈的铁条，因为是未经锻打的粗铁，所以特别易锈蚀，有的带个荷包，但也粗糙得不行，没谁把这当回事儿。1973年我回到北京，有次看到一个清代宫廷的火镰，精美得让我发蒙，对比民间百姓用的火镰，那是艺术品。那时社会上还没兴起收藏热，更没人对这类物件感兴趣，我却觉得它挺有意思，就留心收集和琢磨。

早期我只是对中国的老火镰感兴趣。1986年，单位派我作为翻译随代表团去美国接收设备，这是我第一次去美国，共两个月，最后一天在纽约自由活动。几位团员都去当地的出国人员服务部购物，只有我一个人去逛街。我想，到了国外就别看中国古玩了，于是跑去西洋古董店，买了几件小东西，包括爱迪生制作的一只圆灯泡形的电子管。不经意间看见有古董打火器，多是1920年之前的老煤油机，很精美，拿到手里觉得特别有质感，就不想放下了。想想它们都经历半个多世纪了（到现在都一个世纪了），价格也不贵，就买了两个。临走时店主说："我告诉你装火石的窍门吧，要不你可能找不到。"我心想你也太小看我了，就微微一笑拒绝了。午饭等菜的时候我拿出来把玩，琢磨了一阵子弄明白了怎么换装火石，却发现怎么也找不到拆开机器的螺丝。第二天上了飞机，没事儿干，我就又拿出来琢磨怎么拆开这个机器，弄得晕头转向也没整明白。一想到人家能设计制造出来，我却拆不开，真是搓火，还好飞机的窗户是封死的，要不跳下去的心都有了。

当然，最终我弄明白了，其中的机巧真是让人赞叹。我自小就拆装家里的钟，十几岁就手工设计制作照相机，自以为拆装这个小玩意儿也手拿把掐，但没想到天底下高人可真多呀！我发现打火机虽简单，但从设计智慧上来说，并不输于复杂的钟表和相机。从此，我对西方的打火机也有了兴趣，开始系统地收藏，越来越发现这种小物件名堂可一点不少，不可小看。

把这些火镰和打火器一个一个收来的时候，没当多大事儿。今年把它们都拿出来排放在一起整理总结，看着看着，自己都看傻了。这300多件打火器贯穿600年历史，不仅展示出人类取火历史中的艰辛和不易，也几乎展示了人类文明发展的各个方面，包括科学、技术、工业革命、艺术等，往深点说，还涉及政治、思想、意识形态。

回想起来，这些年从这些器物真学到了不少知识。比较这些打火器，也会产生很多联想。例如将“一战”时期士兵们在炮火连天的战壕里制作的打火机与同时期沙皇让御用金工大师制作的珠宝级别的打火机放在一起，会产生一种跨时空联想，这种感觉太神奇了。而通过比较中国的火镰和世界各国的打火器，慢慢地也会思索各方在文化上的不同。

人生是感悟和修行的过程。因为收藏要学习相应的知识，以提高辨识能力和判别高下的水平，必然要广泛接触社会和能人异士，这会让人更有见识，进而深入认识到自己藏品的艺术和历史价值，个人的悟性和境界也跟着提高。悟性是做好任何事情必备的最关键条件之一，收藏就是物我同修、共同进步的过程，这也是收藏的目的和意义。

田家青

2023年元月

作者简介

田家青，1953 年出生，多年潜心于中国古典家具研究，专著《清代家具》（1995 年，中、英文版）是该学术领域公认的具有开创性的权威之作。田氏注重理论研究与实践相结合，1996 年起开始了视家具为艺术品的创作实践，设计制作具有当今时代风格的传统家具，创立“家青制器”品牌，出版《明韵：田家青设计家具作品集》（2006 年）。此后，他又持续进行着视图书为艺术品的创新实践，创设“家青制书”品牌。

田家青先生对于学术成果的出版有严格要求，他强调书的内容必须有历史价值，不能重复，不炒冷饭。他的著作观点明确，考据翔实，出处准确，注释详尽，文字简练，招招式式体现唯美境界。同时，他认为一本好书不仅仅是知识的载体，本身也应是一件艺术品。他对图书的设计制作特别用心，在图书装帧、用纸、印刷等方面也极为考究、精益求精。因此，其著作不仅可读，也值得珍藏。